아시아엔 다 있다!
크고 높고 많고 다양한 아시아의 모든 것

조지욱 글 | 국형원 그림

차례

1부 아시아에는 어떤 나라들이 있나?

01 중앙아시아, '스탄'이 붙은 나라들
    카자흐스탄 · 우즈베키스탄   8 · 10

02 서남아시아, 석유가 진짜 많이 묻혀 있어요
    사우디아라비아 · 이라크 · 튀르키예   14 · 16 · 18

03 남부아시아, 세계의 지붕이 있어요
    인도 · 파키스탄 · 네팔 · 스리랑카   22 · 24 · 26 · 28

04 동남아시아, 세계적인 벼농사 지역
    필리핀 · 인도네시아 · 말레이시아 · 베트남 · 타이   32 · 34 · 36 · 38 · 40

05 동부아시아, 경제가 눈부시게 발전 중이에요
    중국 · 일본 · 몽골   44 · 46 · 48

2부 더 촘촘히 살펴보는 아시아

01 궁금해, 아시아의 이름과 범위
    어디까지가 아시아일까요?   54

02 저마다 다른 아시아의 자연
    촉촉일까요, 축축일까요? 몬순 아시아   58
    메마르다 메말라, 건조 아시아   59
    아시아의 다양한 기후를 알아보아요!   60

03 우쭐우쭐 아시아의 자랑거리
    세계에서 가장 높은 곳이 아시아에 있어요!   64
    세계에서 가장 낮은 곳도 아시아에 있어요!   65
    거인의 눈썹이라고요? 바이칼 호수   66
    아시아 최초의 발명품을 소개합니다!   68

04 젊다, 많다, 아시아의 인구
    적당히 낳읍시다, 동부아시아   72
    와글와글, 많다 많아 남부아시아   74
    아시아 사람들이 가는 곳은?   75

05 자꾸자꾸 생각나는 아시아의 맛
    아시아의 다양한 맛   78
    깊은 전통의 맛 중앙아시아 음식   79
    입맛을 돋우는 서남아시아 음식   80
    향이 다채로운 남부아시아 음식   81
    새콤달콤, 매콤한 동남아시아 음식   82
    저마다 색다른 동부아시아 음식   83

06 진짜 다양한 아시아의 언어
    아시아에서 많이 쓰는 언어를 소개합니다!   86
    아시아에서 사라질 위기에 처한 언어   88

07 역사 깊은 아시아의 종교
    아시아에서 시작된 크리스트교   92
    동부아시아와 동남아시아에 퍼져 있는 불교   94
    서남아시아, 중앙아시아,
    동남아시아에 퍼져 있는 이슬람교   96
    아시아의 대표 민족 종교를 소개합니다!   98

08 티격태격 아시아의 갈등과 분쟁
    카스피해는 호수일까요, 바다일까요?   102
    난사 군도는 여섯 나라 중 어느 나라가 주인일까요?   104
    센카쿠 열도와 쿠릴 열도는 어느 나라의 땅일까요?   106
    카슈미르를 차지하라!   108
    이스라엘-팔레스타인 분쟁은 왜 벌어졌을까요?   109
    분리 독립을 꿈꾸는 아시아의 소수 민족들   110

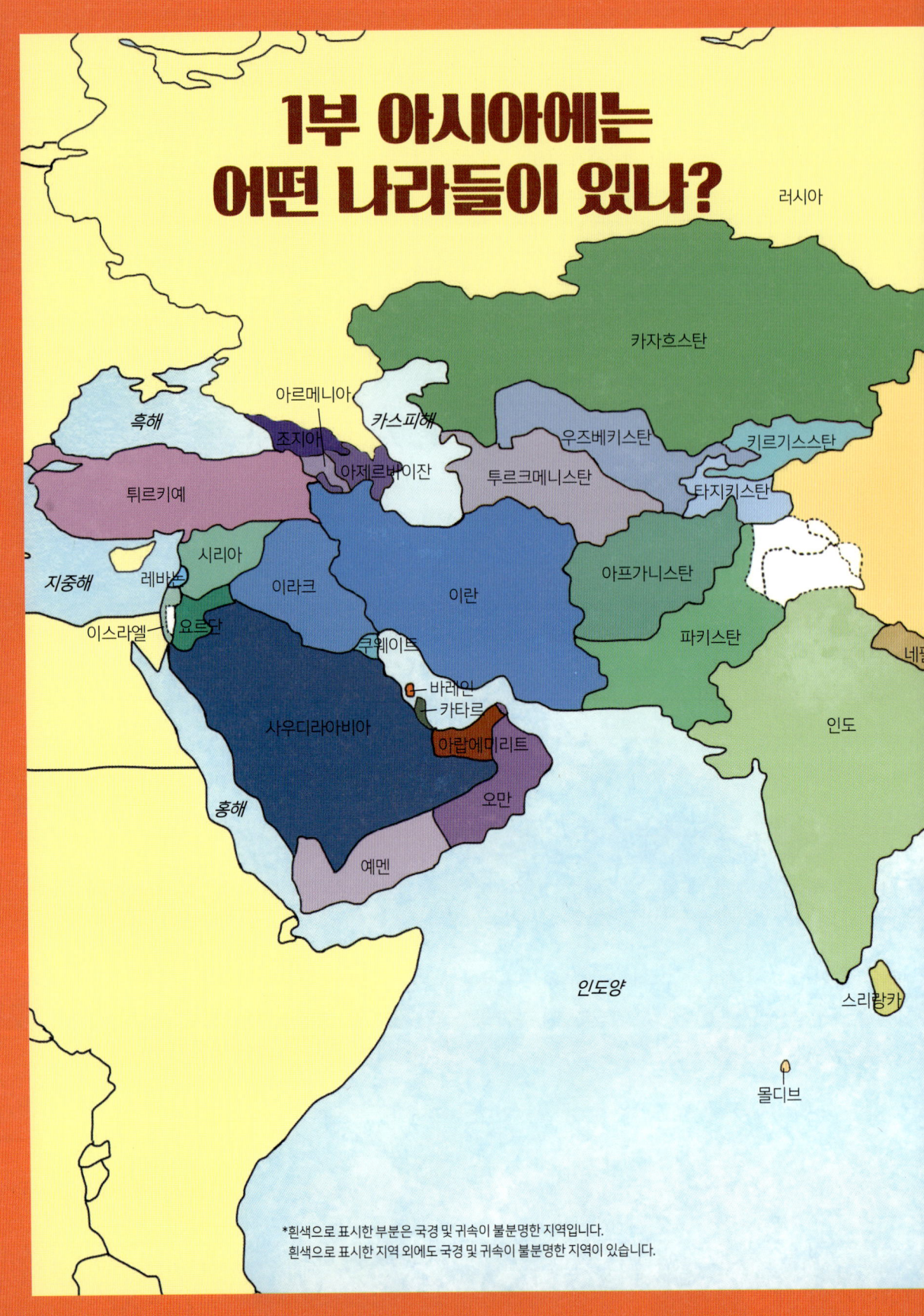

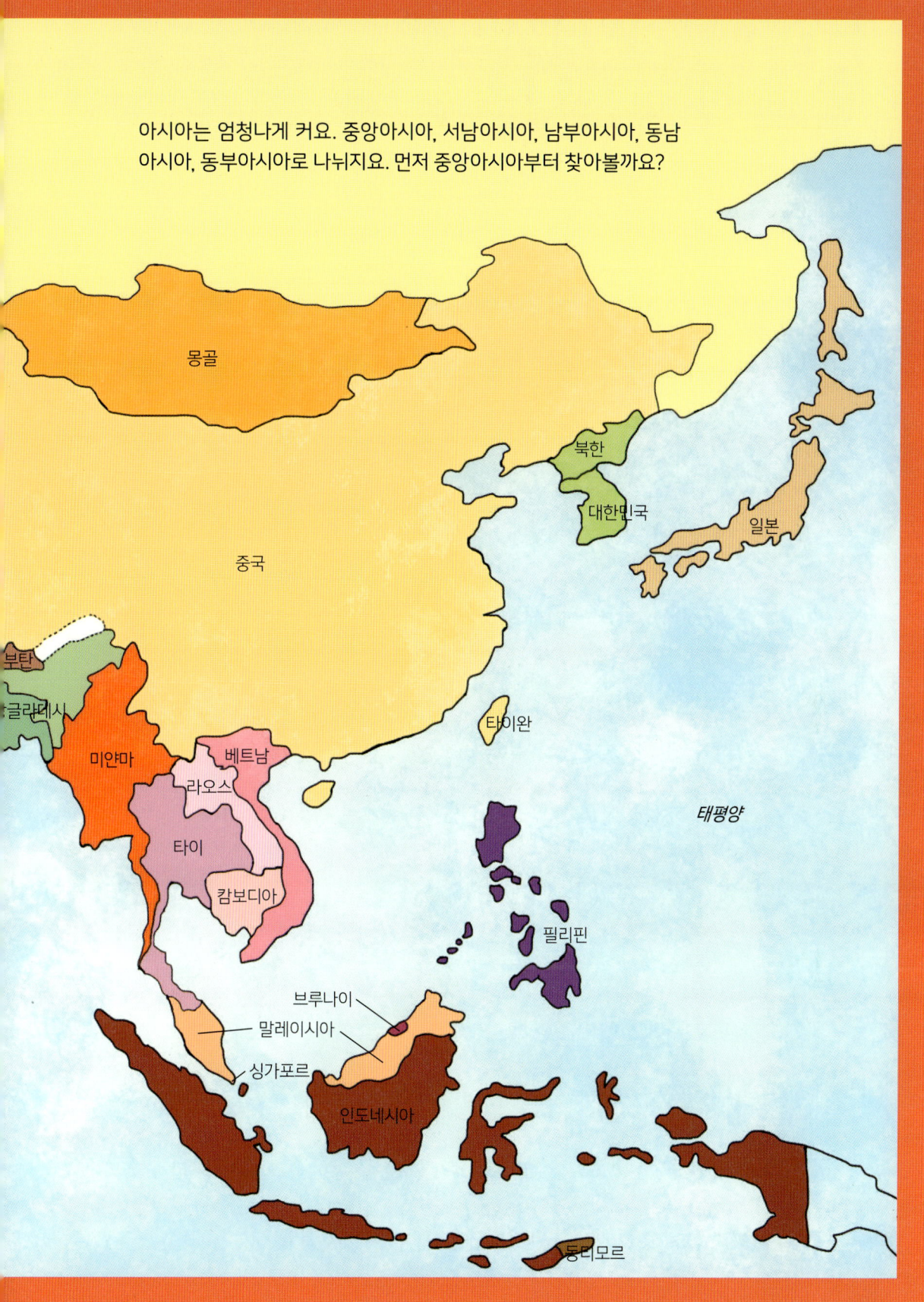

01 | 중앙아시아, '스탄'이 붙은 나라들

- 카자흐스탄
  수도: 누르술탄
- 우즈베키스탄
  수도: 타슈켄트
- 키르기스스탄
  수도: 비슈케크
- 투르크메니스탄
  수도: 아슈하바트
- 타지키스탄
  수도: 두샨베

키르기스스탄의 천문대이자 전망대인 부라나탑이에요.

리뾰쉬카는 중앙아시아 사람들의 식사 빵이에요.

중앙아시아 나라들은 옛 소련으로부터 독립했어요.

이름에 스탄('땅'이라는 뜻)이 붙어요.

이슬람 문화권이에요.

예부터 유목 생활을 해서 말과 양이 중요했어요.

　중앙아시아는 어디일까요? 이 질문에 대해서는 여러 답이 있지만 이 책에서는 카자흐스탄, 우즈베키스탄, 투르크메니스탄, 타지키스탄, 키르기스스탄 5개국을 중앙아시아로 정했어요. 이 다섯 나라는 무조건 중앙아시아로 인정하거든요. 어떤 책에서는 파키스탄, 몽골, 중국의 티베트 자치구와 신장 자치구까지 중앙아시아로 보기도 하지만요.

　중앙아시아 5개국은 과거 소련(옛 러시아)에 속해 있었고, 사막과 초원 지대가 대부분이라는 공통점이 있어요. 또 비가 적어서 농사가 쉽지 않아요. 그래서 이곳 사람들은 양, 염소, 낙타 등 가축을 기르며 유목 생활을 해 왔어요. 유목민들은 가축을 통해 음식과 연료(가축의 배설물)를 얻었어요.

　오늘날 중앙아시아 지역은 모두 이슬람교를 믿어요. 또 나라 이름이 '스탄'으로 끝나죠. 스탄은 '나라, 국가, 땅'이라는 뜻이에요. 유럽의 잉글랜드, 아일랜드, 아이슬란드 등에서 말하는 '랜드'와 같은 뜻이죠.

카자흐스탄

수도: 누르술탄
언어: 카자흐어, 러시아어
종교: 이슬람교, 크리스트교 외
*한국 방문 순위: 22위

카자흐스탄과 우리나라는 1992년부터 수교를 맺어 왔어요. 2021년 8월 15일, 광복절에는 카자흐스탄에 안장되어 있던 홍범도 장군의 유해가 돌아오기도 했어요.

바이테렉 타워는 카자흐스탄의 수도, 누르술탄을 상징하는 건물로 타워의 전망대에 서면 누르술탄을 한눈에 내려다볼 수 있어요.

카자흐스탄에서 별 관측하기 가장 좋은 아씨 트루겐 천문대예요.

러시아의 우주 기지가 카자흐스탄에 있어요.

약 120여 개의 민족이 뒤엉켜 사는데 우리와 피를 나눈 고려인도 약 10만 명이나 돼요. 9번째로 많은 민족이에요.

중앙아시아의 사우디아라비아로 불릴 만큼 석유가 풍부해요. 석유와 천연가스가 수출의 80퍼센트를 차지하죠.

우라늄, 구리, 석탄, 아연 등 각종 지하자원이 풍부해요. 전 세계 많은 나라에 자원을 수출해요.

미국보다 땅이 2배나 넓은, 세계에서 가장 큰 나라였던 소련은 1917년, 러시아 혁명으로 탄생한 세계 최초의 사회주의 국가였어요. 소련은 러시아를 중심으로 15개 공화국으로 이루어진 세계 최대의 다민족 국가였죠. 이런 소련이 1991년 해체되면서 카자흐스탄을 포함해 15개 나라가 독립했어요.

카자흐스탄은 세계에서 가장 큰 내륙국(육지로 둘러싸인 나라)으로, 대한민국의 27배이며, 세계에서 9번째로 면적이 큰 나라예요. '카자흐'는 '모험가'란 뜻이에요. 그러니까 카자흐스탄은 '모험가들의 나라'라는 뜻이지요. 나라 이름 멋있죠!

카자흐스탄은 초원이 많아 농사보다는 가축을 키우면서 옮겨 다니는 유목으로 살던 사람들의 나라였죠. 하지만 이제는 유목의 나라로 기억하면 안 돼요. 이미 많은 초원이 농경지로 바뀌거나 많은 유목민들이 도시로 떠났으니까요. 카자흐 초원도 일부가 농경지로 바뀌면서 중앙아시아에서 가장 큰 곡창 지대가 되었어요. 그곳에서는 주로 밀과 목화를 재배하죠. 초원을 농경지로 바꾸려면 물 공급이 문제인데, 지하수를 끌어와 사막과 반사막 지대에 수십 개의 오아시스를 개발했어요.

*한국 방문 순위는 세계 나라에서 한국을 방문한 순위입니다.

우즈베키스탄

수도: 타슈켄트
언어: 우즈베크어, 러시아어
종교: 이슬람교
한국 방문 순위: 20위

우즈베키스탄은 카자흐스탄과 함께 1992년, 우리나라와 수교를 맺었어요. 고려인들이 많이 살아 문화적으로도 친밀해요. 도시 곳곳에서 한국 음식을 맛보기도 쉬워요.

화이트 모스크라고도 불리는 미노르 모스크예요. 2014년에 지어진 신식 모스크로 2,500명 이상이 들어갈 수 있어요.

우즈베키스탄은 세계에서 약 4번째로 손꼽는 목화 생산국이에요.

거리 곳곳에서 볼 수 있는 우즈베키스탄 전통 빵, 리뾰쉬카예요.

> 커다란 카자흐스탄 옆에 붙어 있어 작아 보이지만 한반도의 2배 정도, 약 44만 제곱킬로미터예요.

> 인구의 약 80퍼센트는 우즈베키스탄 사람이지만 120여 소수 민족이 함께 살며 그중 1퍼센트는 우리나라 사람인 고려인이에요.

> 우즈베크어를 쓰지만 우즈베키스탄 내의 다른 민족과 대화할 때, 또는 호텔과 관공서에서는 러시아어를 많이 써요.

우즈베키스탄은 실크로드의 나라예요. 실크로드는 먼 옛날부터 중국에서 유럽까지 이어진 길로 비단과 종이 등 당시에는 아주 값비쌌던 물건들이 오고 갔던 길이에요. 예를 들어 중국의 비단이 유럽에 가면 100배 비싼 가격으로 팔렸으니까요. 우즈베키스탄의 사마르칸트는 실크로드의 중심에 있던 도시예요. 지금도 실크로드의 흔적이 잘 남아 있어요.

우즈베키스탄도 카자흐스탄처럼 약 70년간 소련에 속해 있다 독립했지요. 인구는 동부 지역에 집중되어 있어요. 동부 지역은 텐산산맥과 파미르고원의 눈 녹은 물이나 지하수를 이용해 목화 농사를 지어요. 특히 수도 타슈켄트의 목화는 세계에서 유명해요. 뿐만 아니라 천연가스, 금, 구리 등 광물 자원이 많이 묻혀 있는 자원 강국이기도 해요.

중앙아시아, 서남아시아, 남부아시아 일부에서는 시장을 '바자르'라고 불러요. 바자회의 바자가 바로 여기서 온 말이지요. 우즈베키스탄의 바자르에 가면 계절 야채와 과일이 가득하고, 치즈와 요구르트 등도 팔아요. 또 곳곳에 비단실로 짠 아름다운 양탄자도 걸려 있지요. 양탄자 한 장을 만드는 데 무려 한 달 이상의 시간이 필요하다고 해요.

02 | 서남아시아, 석유가 진짜 많이 묻혀 있어요

- 조지아
  수도: 트빌리시
- 튀르키예
  수도: 앙카라
- 아르메니아
  수도: 예레반
- 아제르바이잔
  수도: 바쿠
- 시리아
  수도: 다마스쿠스
- 레바논
  수도: 베이루트
- 이스라엘
  수도: 예루살렘
- 요르단
  수도: 암만
- 이라크
  수도: 바그다드
- 쿠웨이트
  수도: 쿠웨이트
- 이란
  수도: 테헤란
- 아프가니스탄
  수도: 카불
- 사우디아라비아
  수도: 리야드
- 바레인
  수도: 마나마
- 카타르
  수도: 도하
- 아랍에미리트
  수도: 아부다비
- 오만
  수도: 무스카트
- 예멘
  수도: 사나

쿠웨이트 워터 타워는 버섯 모양으로 생긴 물 저장소예요. 탑 하나당 300만 리터의 물을 저장할 수 있어요.

서남아시아에는 석유 나는 나라가 많아요.

이슬람 문화권이에요.

물을 끌어와서 하는 관개 농업이 발달했어요.

기후가 건조해요.

　서남아시아는 '중동'으로도 불리는데 사실, 중동(中東)은 북아프리카까지도 포함되는 말이에요. 따라서 서남아시아와 중동은 같은 말이 아니죠.

　서남아시아의 대부분 지역은 연 강수량이 500밀리미터 이하이며, 대체로 사막이 펼쳐진 곳이에요. 그래서 풀을 찾아다니며 가축을 기르는 유목이 발달했어요. 이제 나라마다 국경선이 분명해져 마음대로 이동할 수 없게 되어 유목민 수가 점차 줄고 있어요.

　서남아시아는 세계 최대의 석유 매장 지역이에요. 세계 석유의 생산량과 가격을 좌지우지하는 데가 오펙(OPEC, 석유 수출국 기구)이에요. 이 오펙의 주요 국가들이 사우디아라비아, 이란, 이라크, 쿠웨이트 등 대부분 서남아시아 국가예요. 특히, 이란과 사우디아라비아 사이에 있는 페르시아만 연안에 석유가 많이 매장되어 있어요. 이곳의 석유는 질이 좋고, 지면 가까이에 묻혀 있어 채굴 비용도 적게 들어요.

사우디아라비아

수도: 리야드
언어: 아랍어
종교: 이슬람교
한국 방문 순위: 41위

1970년대 사우디아라비아에 우리나라 건축 기술자들이 많이 진출해 도로, 항구, 건물 등을 건설했어요. 지금도 우리나라의 많은 건설 기업이 진출해 있어요.

사우디아라비아의 메카는 이슬람교를 창시한 무함마드의 출생지예요. 메카의 하람 성원은 수많은 이슬람 교인들이 찾는 순례지이지요.

견과류, 향신료와 함께 볶은 밥에 익힌 고기를 올려 먹는 캅사예요.

대추야자는 우리나라 곶감이나 대추와 비슷한 맛이 나요.

> 왕국이라 의회와 정당이 없고, '슈라위원회'라는 자문 기관만 있어요. 자문 기관은 왕에게 이런저런 의견을 제시할 수 있어요.

> 세계 최대의 석유 국가예요. 현재까지 알려진 바로는 전 세계 석유 매장량의 약 20퍼센트를 차지해요.

> 현재 세계 최대 규모의 신도시인 네옴시티를 건설 중이에요. 이 도시는 석유를 쓰지 않고 환경을 오염시키지 않는 깨끗한 에너지를 이용할 예정이라고 해요.

    사우디아라비아는 이븐 사우드라는 사람이 세운 왕국이에요. 사우디는 '사우디 왕조'라는 뜻이고, 아라비아는 '황야의 나라'라는 뜻이에요. 국토의 대부분이 먼지와 모래 폭풍이 자주 이는 아라비아사막에 있거든요. 이 사막은 아시아에서 가장 큰 사막이지요.

    면적은 약 215만 제곱킬로미터로 한반도의 약 10배 크기이고, 인구는 약 3천 5백만 명이에요. 대부분은 아랍인이며, 아랍어를 쓰지만 영어도 가능해요.

    전 국민이 이슬람교를 믿는 사우디아라비아는 이슬람 국가 중에서 가장 엄격한 이슬람 관습을 유지하고 있어요. 이슬람 종교 법을 따라야 하고, '종교 경찰'도 있는데 우리나라 경찰과는 하는 일이 달라요. 종교 경찰은 이슬람 율법과 맞지 않는 행동을 단속하는 일을 맡고 있어요. 하지만 지금은 종교 경찰의 권한이 많이 줄었지요.

    사우디아라비아는 세계에서 두 번째로 석유가 많이 매장되어 있는 나라예요(석유 매장량 1위는 베네수엘라). 우리나라는 여러 나라에서 석유를 수입하는데 사우디아라비아에서 수입하는 양이 가장 많아요.

이라크

수도: 바그다드
언어: 아랍어, 쿠르드어
종교: 이슬람교, 크리스트교 외
한국 방문 순위: 77위

이라크는 1989년부터 우리나라와 공식적으로 수교 했어요. 최근 우리나라는 이라크에서 석유를 많이 수입하고 철도나 차량 관련 부품을 많이 수출해요.

이라크의 수도 바그다드에는 티그리스강이 흐르고 있어요. 철도가 건설되기 전에는 이 강을 통해 물건과 사람을 날랐어요.

이라크의 양고기 스프예요.

바그다드에 지어진 이슬람 사원, 17 라마단 모스크예요.

면적이 약 43만 5천 제곱킬로미터로 한반도의 2배 정도 되지만 바다와 접하는 면이 적어 해안선은 58킬로미터밖에 안 돼요.

사우디아라비아와 함께 세계적인 석유 생산국이에요. 석유 관련 산업이 이라크 경제의 90퍼센트를 차지할 정도예요.

1970년대에는 석유로 많은 돈을 벌어 도시를 발전시켰어요. 그때 우리나라 기술자들이 이라크에 건물 짓고 도로 만드는 일을 했지요.

 티그리스강과 유프라테스강이 흐르는 지역은 교통이 편리하고 땅이 비옥해서 농사짓기 좋았어요. 그래서 약 6000년 전부터 수메르, 바빌로니아, 아시리아 민족 등이 모여 도시를 건설하기 시작했지요. 그렇게 세계 4대 문명 중에서도 그 역사가 가장 오래된 메소포타미아 문명이 꽃피우게 된 거예요. 그곳이 바로 지금의 이라크랍니다. 역사가 깊은 만큼 고대의 문화 유적이 풍부해요. 이라크의 역사가 담긴 이라크 박물관은 중동 최대의 규모를 자랑할 정도로 유물을 많이 소장하고 있지요.

 이라크 전 국토의 40퍼센트 정도 되는 사막은 주로 서남쪽에 펼쳐져 있어요. 또 대부분의 국토가 낮은 편이며, 고도 500미터가 넘는 산지는 불과 15퍼센트밖에 안 돼요. 전 국토의 12퍼센트가 경작지이며 대부분 티그리스강과 유프라테스강 근처에 있어요. 여기서는 채소와 밀, 보리를 재배하며, 수박, 토마토, 포도, 대추야자 등도 많이 생산되죠. 그리고 국토 면적의 10퍼센트인 목초지에서는 양, 염소, 소를 키우고 있어요. 대추야자와 채소는 수출하기도 하는데 물론 이라크의 주요 수출품은 누가 뭐라 해도 석유지요. 2020년 기준 세계 석유 매장량 5위랍니다.

튀르키예

수도: 앙카라
언어: 튀르키예어
종교: 이슬람교 외
한국 방문 순위: 28위

튀르키예는 한국 전쟁 때 유엔군으로 참전해 우리나라를 도와줬어요. 그래서 형제의 국가로 불려요. 수도 앙카라에는 한국 전쟁을 기념하는 한국 공원이 있어요.

술탄 아흐메드 모스크는 아름답고 웅장한 모스크예요.

양념한 고기를 구워 야채와 함께 먹는 케밥은 인기 만점이에요.

카파도키아는 화산 활동으로 생긴 기암괴석과 동굴 마을, 거대한 지하 도시가 조화를 이루는 곳으로 유네스코 세계 유산이에요.

2022년 6월, 나라 이름이 터키에서 튀르키예로 바뀌었어요. 국제 공식 표기가 바뀐 것이지 튀르키예 사람들은 전부터 튀르키예라 불렀대요.

아름답기로 유명한 술탄 아흐메드 모스크의 내부는 파란색의 타일로 꾸며져 있어 블루 모스크라고도 불려요.

튀르키예의 드라마가 중동과 남미 지역에서 인기예요. 2023년에는 드라마 해외 매출액이 10억 달러를 넘길 것으로 예상해요.

튀르키예는 지중해와 흑해 연안에 위치해 있으며, 면적이 약 78만 제곱 킬로미터로 한반도의 3.5배나 되는 넓은 나라예요. 인구가 약 8,534만 명으로 많은 편이고, 주요 민족은 튀르키예족 80퍼센트, 쿠르드족 20퍼센트지요. 튀르키예어가 공용어이고, 쿠르드어와 아랍어도 함께 쓰여요.

튀르키예는 유럽과 아시아에 걸쳐 있어 동양과 서양의 많은 유물과 유적, 역사를 간직한 나라예요. 옛 수도였던 이스탄불에서는 고대와 현대, 크리스트교와 이슬람교 유적을 동시에 볼 수 있지요. 이스탄불에는 이슬람 예배당인 모스크가 무려 3,000여 개나 된다고 해요. 또 튀르키예에는 세계에서 가장 오래된 시장인 그랜드 바자르(시장)도 있어요.

마치 요정들의 굴뚝인 양 대규모 기암괴석이 우뚝 솟은 지대가 펼쳐지는 카파도키아, 거대한 하얀 석회층이 장관을 이루는 파묵칼레 등도 튀르키예에서 빼놓을 수 없는 멋진 관광지이지요. 유네스코 세계 유산에 등재되어 있기도 하고요.

이처럼 자연, 문화 모두 볼거리가 넘쳐나는 튀르키예는 많은 사람들이 꼭 가 보고 싶어 하는 나라랍니다.

03 | 남부아시아, 세계의 지붕이 있어요

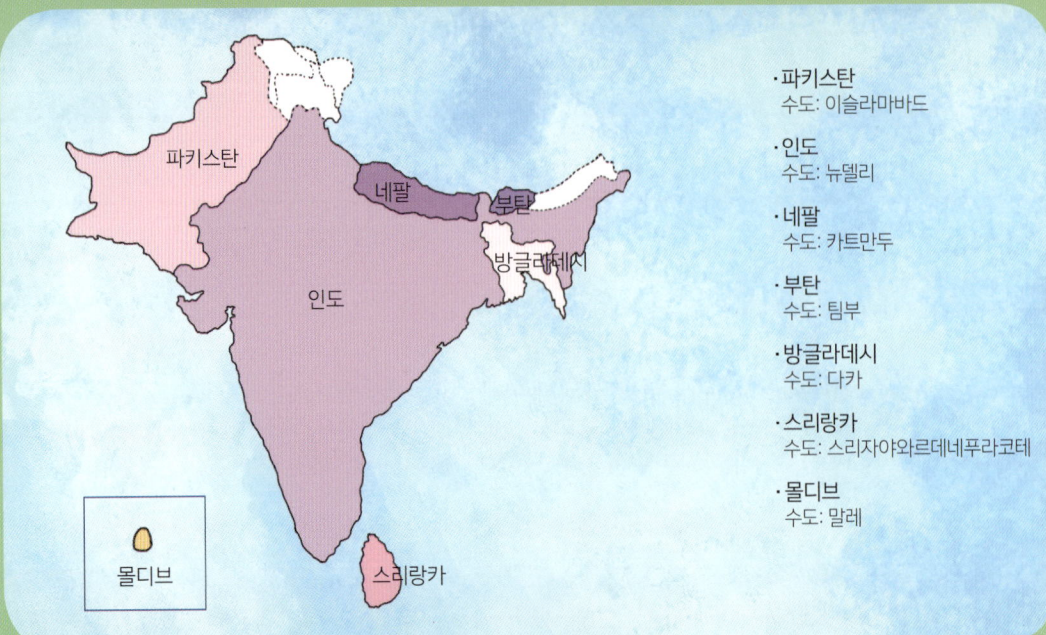

- 파키스탄
  수도: 이슬라마바드
- 인도
  수도: 뉴델리
- 네팔
  수도: 카트만두
- 부탄
  수도: 팀부
- 방글라데시
  수도: 다카
- 스리랑카
  수도: 스리자야와르데네푸라코테
- 몰디브
  수도: 말레

가파른 절벽에 위치한 부탄의 탁상 사원이에요. 옛 성인들이 깨달음을 얻었다고 전해지는 신성한 곳이에요.

남부아시아는 인구 밀도가 높은 편이에요.

목화 재배를 많이 해요.

세계에서 가장 높은 히말라야산맥이 있어요.

힌두교를 믿는 사람들이 많아요.

　남부아시아는 인도반도와 그 주변 나라들을 말해요. 힌두교, 이슬람교, 불교 등 다양한 문화를 간직했지만 사람들의 머릿속에는 인도로 대표되는 지역이라는 이미지만 있는 것 같아요.

　남부아시아의 북부 지역은 히말라야 산지가 있어서 매우 높고 험준해요. 중부 지역은 힌두스탄 평원이 있어 인구가 매우 많죠. 그리고 남부 지역은 데칸고원을 중심으로 용암 대지가 펼쳐져 있으며 세계적인 목화 생산지예요.

　남부아시아는 인구 밀도가 매우 높아요. 아시아 인구의 3분의 1, 전 세계 인구의 5분의 1이 살고 있어요. 이곳의 인구 밀도는 303명으로, 세계 평균의 7배나 돼요. 인구 밀도는 1제곱킬로미터 안에 사는 사람 수를 말해요.

　남부아시아는 아시아 대륙의 약 10퍼센트를 차지하며, 이곳 대부분의 국가가 과거 영국의 식민지였어요. 그리고 파키스탄과 방글라데시는 인도로부터 분리되어 나온 나라예요.

인도

수도: 뉴델리
언어: 힌디어, 영어 외
종교: 힌두교, 이슬람교 외
한국 방문 순위: 16위

인도는 우리나라 물건을 많이 수입하는데 전자 제품, 철강, 플라스틱 등 다양한 제품을 수입해요. 2020년에 인도 정부는 정규 교육 과정 중 제2외국어로 한국어를 채택했어요.

갠지스강은 인도 사람들이 가장 신성하게 생각하는 강으로 이 강물에 목욕하면 모든 죄를 씻을 수 있다고 믿어요.

타지마할은 인도 무굴 제국의 왕비를 추모해 만든 건축물이에요.

인도는 고대부터 무척 다양한 종류의 향신료를 요리에 썼어요.

인도는 힌두교의 나라예요. 힌두교는 소를 신성히 여겨 소가 길을 막고 걸어도 이상하게 생각하지 않아요. 또 국토가 넓은 만큼 다양한 민족과 종교, 언어가 공존하죠. 인도에 가 본 사람들은 죽기 전에 꼭 가 보라고 할 정도로 인도의 매력이 대단하다고 해요.

인도는 1947년 영국의 식민지에서 독립했는데 독립을 이끈 사람이 그 유명한 간디예요. 간디는 비폭력 운동으로 막강한 영국과 상대했어요. 영국 지배를 받은 까닭에 인도에서는 영어를 많이 쓰고 미국이나 영국과 교류가 활발하죠.

특이하게 아직 신분제가 남아 있어요. 현재 법적으로는 사라졌지만 실제로는 아직도 굳건하지요. 바로 카스트 제도예요. 이 제도에 따르면 사람은 태어날 때부터 계급이 정해져 있고, 계급에 맞춰 살아야 해요.

인도의 강점은 뛰어난 기초 과학 실력이에요. 인도 수학 알아주죠! 게다가 정보 기술(IT), 우주 항공, 제약 등 첨단 산업이 빠르게 발전하고 있어요. 그리고 미국이나 영국에서 활동하는 과학자, 의사, 정보 기술 개발자 중에도 인도 사람이 많아요.

인도는 영화 산업도 발달했어요. 일 년에 약 1,900편의 영화가 만들어지는데 이는 미국에서 만들어지는 영화보다 2.4배 많아요.

파키스탄

수도: 이슬라마바드
언어: 우르두어, 영어
종교: 이슬람교 외
한국 방문 순위: 43위

최근 들어 파키스탄에 우리 기업이 많이 진출하고 있어요. 수력 발전소를 짓거나 자동차나 전자 제품을 현지에서 생산하는 중이에요.

샤파이잘 모스크는 실내에 약 5만 명, 광장에 약 10만 명의 교인들이 동시에 앉아 기도할 수 있는 세계 최대 규모의 모스크예요.

세계에서 가장 높은 곳에 있는 고속도로, 카라코람 고속도로예요.

우유에 향신료와 홍차를 우린 차이는 파키스탄 국민 음료예요.

> 인도, 파키스탄, 방글라데시는 원래 한 나라였어요. 1947년, 인도가 영국 식민지에서 벗어나면서 각각 분리됐어요.

> 북동부에는 세계 최고 장수 마을인 훈자마을이 있어요. 이곳은 유네스코가 지정한 세계 10대 절경 중 하나이기도 해요.

> 파키스탄의 'M-2' 고속도로 건설을 우리나라 회사가 했으며, 우리나라에서 만든 가전제품의 인기가 높아요.

파키스탄은 '신성한 땅'이라는 뜻이에요. 세계 4대 문명 중 하나인 인더스 문명의 발상지인 고대 유적지 '모헨조다로'와 '하라파'에 가면 약 4500년 전 마을과 물을 끌어오던 시설을 아직 볼 수 있어요.

영토는 한반도의 약 3.7배이고, 인구는 2억 2천만 명이에요. 그리고 세계 최대의 이슬람 국가인 인도네시아 다음으로 이슬람교도가 많아요.

파키스탄은 전반적으로 건조 기후대에 속하지만, 여름에는 집중적으로 내리는 비로 인해 강이 넘치는 문제가 발생하기도 해요. 또 위쪽 히말라야 고산 지대의 빙하들이 지구 온난화와 그 밖의 이유들로 인해 녹으면서 기후 재난이 점점 심해지고 있어요. 특히 2022년에는 홍수 때문에 국토의 약 3분의 1이 잠길 정도였다고 해요.

파키스탄에는 사막이 넓게 펼쳐져 있지만 국민의 절반 정도가 농사를 짓고 있어요. 또 암염, 구리, 철광석, 석탄이 풍부하고, 석유와 천연가스도 상당 양 매장되어 있어요. 옷을 만들거나 가죽을 다듬는 산업이 발달해서 주요 수출품도 옷감 같은 직물과 가죽 제품인 피혁, 손으로 짠 카펫 등이에요.

네팔

수도: 카트만두
언어: 네팔어
종교: 힌두교, 불교 외
한국 방문 순위: 32위

네팔과 우리나라는 1974년부터 공식적으로 수교가 이루어졌어요. 해마다 우리나라 관광객 약 3만 명 정도가 트래킹과 불교 성지 순례를 하기 위해 네팔을 방문해요.

부다나트 스투파는 네팔에서 가장 높고 규모가 큰 불탑으로 카트만두를 대표하는 건축물이에요.

더르바르 광장은 고대 네팔 왕국의 중심지였어요.

밥에 콩으로 만든 수프인 달을 곁들여 먹는 달 바트예요.

히말라야산맥 남쪽에 위치해 있으며 에베레스트산을 포함 세계 10대 최고봉 가운데 8개를 가진 산악 국가예요.

거대한 중국과 인도 사이에 위치해 작아 보이지만 우리나라 면적의 약 1.5배 정도 크기예요.

수도 카트만두는 '사원의 도시'라 불리기도 해요. 약 2,500여 개의 힌두교와 불교 사원이 있어요.

원래 왕이 있는 나라였지만 2007년 국민 투표를 통해 왕정 체제를 없앴어요. 왕은 투표 결과에 따라 자리에서 물러난 뒤 가족과 함께 궁을 떠났지요. 왕이 살던 궁은 2008년부터 박물관으로 사용하고 있어요.

네팔도 인도처럼 국민 대부분이 힌두교를 믿으며, 법적으로는 사라졌지만 실질적으로는 카스트 제도가 있어요.

네팔은 세계적으로 높은 산들이 많아 지리적으로 고립되어 있어요. 이러다 보니 다른 나라와 교류가 적었고, 경제 발전도 미비했지요. 전체 인구의 90퍼센트가 농사를 짓지만 농사지을 수 있는 땅이 20퍼센트도 채 되지 않죠. 목재와 시멘트 등을 수출하고, 바구니, 옷, 카펫 등을 만들어 팔아요. 주요 농산물은 쌀과 약초이고, 임업도 발달했어요.

네팔은 히말라야산맥을 등반하고 싶은 사람들이라면 꼭 방문해야 할 나라예요. 히말라야산맥을 이루는 산 중에서 에베레스트, 안나푸르나, 다울라기리, 마나슬루 등 8,000미터가 넘는 산이 8개나 있거든요. 그래서 많은 사람들이 꼭 한번 가 보고 싶어 하는 나라이기도 해요. 만약 네팔에 여행을 간다면 아주 맑은 날, 에베레스트산에 올라 거대한 바위산의 눈 덮인 산봉우리들을 보면 좋을 거예요.

스리랑카

수도: 스리자야와르데네푸라코테
언어: 신할리어, 타밀어
종교: 불교, 힌두교 외
한국 방문 순위: 36위

우리나라와 스리랑카는 1977년부터 수교했어요. 2023년부터는 스리랑카 대학교 입시 시험 과목에 한국어가 포함돼요.

콜롬보는 스리랑카 최대 도시이자 경제 수도예요. 해안가를 따라 도로가 잘 닦여 있고 높은 빌딩들이 늘어서 있어요.

나인 아치 브리지는 오로지 돌과 시멘트로만 세운 다리예요.

그물을 쓰지 않는 스리랑카 전통 장대 낚시예요.

> 홍차 생산량이 세계에서 2번째로 많아요. 다양한 향과 맛의 품질 좋은 홍차가 생산되고 있어요.

> 홍차 외에도 사파이어, 루비, 알렉산드라이트 등 보석으로 유명해요. 나라 곳곳에 보석을 채굴하는 광산이 있어요.

> 약 187개의 야생 동물 공원이 있으며 동물 고아원, 보호지 등에서도 다양한 야생 동물을 만날 수 있어요.

스리랑카는 1948년 영국으로부터 독립했고 나라 이름을 '실론'에서 '스리랑카'로 바꾸었어요. 영국 식민지를 겪었기 때문에 고유 언어인 신할리어, 타밀어 외에 영어도 많이 쓰이지요. 스리랑카는 약 6만 5,610제곱킬로미터로, 한반도의 약 4분의 1 정도예요. 유럽과 아시아를 잇는 바닷길의 중간 지점에 있어서 해상 교통의 중심지로 발전했어요.

스리랑카의 대다수 사람들은 불교를 믿어요. 마을마다 보리수나무 같은 불교 상징물이 있어요. 마치 우리나라 시골 마을 입구에 당산나무로 불리는 커다란 은행나무, 버드나무, 소나무가 있듯이 말이에요.

또한 인도 아래에 눈물방울 모양으로 생긴 땅이 위치해 '인도의 눈물'이라는 별명이 붙었어요. 빼어난 자연 경치로 '인도양의 진주'라 불리기도 하고요. 실제로 보석 공업이 발달하기도 했어요. 유명한 수출품이 사파이어와 알렉산드라이트 같은 보석인데, 세계적으로 그 품질을 인정받아요.

스리랑카에서는 홍차가 유명한데 실론섬의 홍차라는 뜻을 가진 '실론 티'가 특히 유명해요. 영국 식민지 때 들어온 후 온 나라에 퍼져 지금도 곳곳에 차 밭이 있답니다.

04 | 동남아시아, 세계적인 벼농사 지역

- 미얀마
  수도: 네피도
- 타이
  수도: 방콕
- 라오스
  수도: 비엔티안
- 베트남
  수도: 하노이
- 캄보디아
  수도: 프놈펜
- 말레이시아
  수도: 쿠알라룸푸르
- 싱가포르
  수도: 싱가포르
- 브루나이
  수도: 반다르스리브가완
- 필리핀
  수도: 마닐라
- 인도네시아
  수도: 자카르타
- 동티모르
  수도: 딜리

미얀마 바간 지역은 고대인들이 불교의 나라를 꿈꾸며 건설한 고대 도시예요. 2,300여 개의 탑과 사원들이 곳곳에 들어서 있어요.

예부터 동남아시아에는 많은 아라비아 상인들이 들어왔어요.

쌀 재배를 많이 해요.

동서양 무역의 중간 지점이었어요.

열대 지역이라 일 년 내내 더운 곳이 많아요.

    동남아시아는 아시아의 동남쪽에 있는 인도차이나반도와 작고 길쭉한 말레이반도, 그리고 순다 열도, 말레이 제도, 필리핀 제도 등 주변에 많은 섬들이 있어요.

    또 세계적으로 벼농사와 플랜테이션 농업(대규모 기업형 농업)이 발달했어요.

    베트남, 캄보디아, 라오스 등이 있는 인도차이나반도는 그 이름처럼 인도와 중국의 영향을 많이 받았어요. 동남아시아 경제를 손에 쥐고 있는 사람들 중에도 중국인과 그 자손들이 많아요. 인도 문화의 영향으로 동남아시아에는 힌두교와 불교를 믿는 사람도 아주 많죠.

    중세에는 아시아와 유럽, 아프리카 북부를 다니며 물건을 사고 팔던 아라비아 상인들이 이곳에 많이 왔고, 15세기 후에는 유럽의 배들이 동남아시아를 지나 중국, 일본으로 갔어요. 그야말로 동서양을 잇는 교통의 요지랍니다.

필리핀

수도: 마닐라
언어: 필리핀어, 영어
종교: 크리스트교 외
한국 방문 순위: 8위

필리핀은 우리나라와 무역 교류가 많은 나라예요. 2021년 자유 무역 협정을 체결하면서 교류가 더욱 활발해지고 있어요. 서로에게 인기 있는 관광 국가이기도 하지요.

마욘 화산은 세계에서 가장 아름답다고 평가받는 원뿔형 화산이에요. 지금까지도 화산 활동이 활발한 활화산이지요.

형형색색의 트라이시클은 필리핀 대표 대중교통이에요.

우리나라 갈비찜과 비슷한 필리핀 국민 음식 아도보예요.

> 7,100여 개가 넘는 크고 작은 섬으로 이루어진 나라예요. 대부분의 섬들이 지진과 화산 활동이 잦은 지역이에요.

> 동쪽 바다에는 그 깊이가 11,034미터로 세계에서 가장 깊은 마리아나 해구가 있어요. 해구는 바닷속의 깊고 좁은 도랑이에요.

> 코로나19 바이러스가 본격적으로 퍼지기 이전인 2019년에는 우리나라 사람들이 전 세계에서 필리핀을 가장 많이 방문했어요.

필리핀은 크게 3개 지역으로 나뉘어요. 북부의 루손, 중부의 비자야, 남부의 민다나오예요. 필리핀의 섬을 다 합치면 약 300,400제곱킬로미터로 한반도의 1.3배예요.

필리핀은 아름다운 바다와 풍경으로 유명해요. 과거에 미국의 식민 지배를 받았던 탓에 서구식 문화 색채가 짙어요. 크리스트교를 믿는 사람들이 많고요. 언어 또한 필리핀 지역의 전통 언어인 타갈로그어와 함께 영어가 공용어로 쓰여요. 영어 배우려고 필리핀으로 유학 간다는 이야기 들어 본 적 있죠?

필리핀에서는 농업이 가장 중요해요. 전체 인구의 약 55퍼센트 이상이 농사를 짓거든요. 쌀, 옥수수가 주식이고, 설탕이나 코코넛을 수출하고 있지요. 주요 수출품은 농산물이나 산림 자원이에요. 특히 코프라, 설탕, 목재가 총 수출량의 65퍼센트나 됩니다. 코프라는 야자 씨에서 얻은 것으로 과자의 재료, 마가린, 비누 등의 원료로 쓰여요.

필리핀과 우리나라는 1949년 수교 이래 정치적으로나 경제적으로 좋은 관계를 유지하고 있어요.

인도네시아

수도: 자카르타
언어: 인도네시아어
종교: 이슬람교, 크리스트교
한국 방문 순위: 11위

인도네시아는 우리나라가 해외에 투자한 첫 번째 나라예요(1968년 임업). 2020년에는 인도네시아에 투자한 세계의 투자국 중 우리나라가 7번째로 많이 투자했어요.

파다르섬은 아름다운 절경으로 유명하며 살아 있는 공룡이라고 불리는 코모도왕도마뱀도 볼 수 있어요.

사테는 한 입에 먹을 수 있는 인도네시아 전통 고기 꼬치구이예요.

아직 활동 중인 브로모 화산은 아름다운 일출로 유명해요.

> 5,200킬로미터에 걸친 국토에 약 13,500여 개의 섬이 밤하늘의 별처럼 바다에 총총 박혀 있어요.

> 세계에서 네번째로 인구가 많은 나라이자 이슬람교 신자가 가장 많은 나라예요.

> 아시아 최대의 커피 생산국으로 커피 품질이 뛰어나요. 맛있다는 소문을 타고 유명해졌어요.

인도네시아는 세계에서 가장 많은 섬으로 이루어진 섬나라예요. 인도양과 태평양에 걸쳐 만 개가 넘지요. 필리핀도 섬이 많은데, 인도네시아는 훨씬 더 많아요.

또 세계 최대 화산 국가로 지금도 연기를 폴폴 내며 활동하고 있는 활화산, 지금은 쉬고 있지만 언젠가는 폭발할 휴화산들로 가득하죠. 이제는 죽은 듯 활동을 멈춘 사화산도 있고요.

인도네시아는 인구 약 2억 7천만 명으로 세계에서 네 번째로 인구가 많은 나라예요. 300여 개가 넘는 다양한 민족이나 인종 그리고 많은 언어가 있어요. 공용어는 인도네시아어이지만 자바어, 순다어 등 약 600여 개 가까운 언어가 있답니다. 세계에서 두 번째로 언어가 많은 나라라니, 굉장하지요?

한때는 석유를 수출하는 나라였지만 인도네시아 내에서 소비하는 양이 크게 늘면서 이제 수출은 하지 않아요. 대신에 석탄, 주석, 니켈 등 천연자원을 주로 수출하죠. 팜 오일, 고무, 카카오 등 플랜테이션 농업을 많이 한답니다.

말레이시아

수도: 쿠알라룸푸르
언어: 말레이어, 영어 외
종교: 이슬람교, 불교 외
한국 방문 순위: 9위

1970년대부터 말레이시아에 우리나라 건설 기업들이 진출했어요. 특히 페낭 대교, 트렝가누 케니르 댐 등의 큰 공사들을 성공적으로 마쳤지요. 점점 경제 협력 관계가 돈독해지고 있어요.

크리스탈 모스크는 유리 지붕과 기둥이 인상적인 이슬람교 예배당으로 경전을 전자책으로 볼 수 있게 와이파이가 연결돼요.

페트로나스 트윈 타워는 수도에 있는 초고층 건물이에요.

나시르막은 코코넛 밀크를 넣어 지은 밥에 반찬을 곁들여요.

> 옛날부터 주요 무역 항로였던 인도양과 남중국해 사이에 위치해 여러 나라의 상인들이 모이는 곳이었어요.

> 싱가포르와 함께 동남아시아에서 경제력이 강하고 안정적인 나라로 손꼽혀 왔어요.

> 예부터 다양한 민족이 모여 살아온 다민족 국가예요. 각양각색의 문화가 어우러지면서도 전통을 지키고 있어요.

말레이시아는 국토가 말레이반도와 칼리만탄(보르네오)섬에 걸쳐 있어요. 말레이(Malay)는 '산의 나라'라는 뜻인데, 키나발루산은 4,101미터로 동남아시아에서 가장 높고 물루산은 세계에서 가장 많은 지하 동굴을 가진 산으로 유명해요.

말레이시아의 면적은 약 33만 제곱킬로미터로 한반도의 1.5배예요. 인구는 우리나라보다 적은 약 3,300만 명이며, 인구의 85퍼센트 이상이 말레이반도에 살아요. 말레이시아 사람들은 원주민인 말레이인 62퍼센트, 중국계 22퍼센트, 인도계 7퍼센트로 구성되어 있어요.

말레이시아는 이슬람 국가지만 전체 인구의 60퍼센트만 무슬림이에요. 다른 이슬람 국가보다 무슬림이 적은 편이에요.

말레이시아는 천연고무 세계 생산량의 30퍼센트를 차지하는 최대 고무 생산국이에요. 그런데 합성 고무가 발달하면서 차츰 고무 농장이 논과 같은 다른 작물의 재배지로 바뀌고 있어요. 또 주석이나 팜 오일 생산도 세계 1위예요. 특히 주석은 세계 생산량의 40퍼센트를 차지해요. 앞으로 정보 기술, 항공, 자동차 등 많은 돈을 벌 수 있는 산업을 집중적으로 키우고 있어요.

베트남

수도: 하노이
언어: 베트남어
종교: 불교, 크리스트교 외
한국 방문 순위: 7위

우리나라가 베트남에 대해 쓴 최초의 기록은 882년, 신라 최치원의 《보안남록이도기》예요. 최근 우리나라 박항서 축구 감독이 베트남에서 활약하면서 양국의 관심이 높아지고 있어요.

호이안은 약 2천 년 전부터 있었던 역사 깊은 도시예요. 우리나라 한옥 마을처럼 전통 가옥들이 많아요.

하노이의 기찻길 마을은 기차가 건물 바로 옆으로 지나요.

쌀가루와 밀가루를 섞어 만든 바게트, 반미로 만든 샌드위치예요.

> 현재 우리나라에 살고 있는 외국인 중에 베트남 사람이 두 번째로 많아요. 2021년 기준 20만 명이 넘는 베트남 사람들이 살고 있어요.

> 베트남 사람들은 쌀을 많이 먹어요. 쌀밥, 쌀국수, 라이스페이퍼에 말아 먹는 월남쌈, 반미(빵) 등 쌀을 이용한 요리도 다양하지요.

> 대체로 일 년 내내 햇빛이 풍부하고 습도가 높아요. 그러나 국토가 남북으로 길게 뻗어 있어 지역마다 다양한 기후가 나타나요.

베트남 국토는 남북의 길이가 약 1,650킬로미터에 이르는 긴 S자 모양이에요. 면적은 약 33만 제곱킬로미터로 한반도의 1.5배 정도 돼요. 인구는 9천만 명이 넘고, 국민의 86퍼센트가 비엣족이지요. 남북으로 긴 땅이라 북쪽은 중국, 남쪽은 인도의 영향을 많이 받았어요.

베트남은 쌀 수출을 많이 해요. 메콩강 하류에 있는 대한민국 땅의 5분의 2만 한 메콩강 삼각주에서 특히 쌀을 많이 생산하죠. 이곳에는 무려 2천만 명이 살고 있고, 여기서 나오는 쌀의 80퍼센트를 수출해요. 해안에도 논이 많은데 평지가 적고 경사가 급해 필리핀이나 인도네시아처럼 계단식 논이 많아요.

최근 베트남은 브라질 다음가는 커피 수출국이 되었어요. 중부 고원에서 알맞은 기후와 비옥한 토양을 이용해 커피를 대량으로 재배해요. 우리나라에 많은 양을 수출하고 있어요. 베트남 사람들은 연유를 넣은 달콤한 커피를 즐겨요.

한편 공업에도 박차를 가해 동남아시아 국가 가운데 가장 많은 해외 투자를 받고 있어요. 2016년 이후로 무역 흑자가 매년 늘고 있지요.

타이

수도: 방콕
언어: 타이어
종교: 불교, 이슬람교
한국 방문 순위: 6위

2022년 타이의 한 대학교 교수 팀이 타이 사람들을 대상으로 설문 조사를 한 결과 최근 타이 문화에 가장 큰 영향을 미치는 나라로 우리나라가 꼽혔어요.

담넌사두억 수상 시장은 각종 상품을 잔뜩 실은 배들로 가득해요. 코코넛 아이스크림이나 쌀국수 같은 먹거리도 있어요.

새콤달콤하면서 매콤한 새우 스프, 똠얌꿍이에요.

숙주와 새우 등을 넣고 볶은 쌀국수 팟타이예요.

> 코로나19 바이러스가 퍼지기 이전의 타이는 연간 약 3천만 명 이상의 관광객이 찾는 관광 대국이었어요.

> 대다수의 사람들이 불교를 믿어요. 남자라면 일생에 한 번은 꼭 스님이 되어야 하는 풍습이 있어요.

> 동남아시아 나라 중 유일하게 식민 지배를 받지 않아 고유의 문화를 잘 보존하고 있어요.

'타이(Thai)'는 '자유'라는 뜻이에요. '태국'이라고도 부르는 타이는 약 51만 3천 제곱킬로미터로 한반도보다 2.3배 넓어요. 인구는 약 7천만 명이며, 타이인이 대부분이고, 중국계도 많아요.

정치는 수상이 이끌지만 국왕이 따로 있어요. 지난 2016년에 70년 동안 국민들의 존경을 받던 푸미폰 국왕이 죽음을 맞이했어요. 그래서 타이가 온통 슬픔에 잠겼죠. 검은색 옷값이 두 배 이상 치솟고, 아주 많은 행사가 취소될 정도였으니까요.

타이는 불교의 나라예요. 국민의 95퍼센트 이상이 불교 신자이지요.

타이는 동남아시아에서 유일하게 강대국의 식민지를 경험하지 않은 나라예요. 이에 대한 국민들의 자부심이 대단하죠.

농업이 주요 산업이며, 특히 쌀은 제1의 수출품이에요. 전체 경지의 절반 이상이 쌀 경작지이지요. 덥고 비가 많이 내려 벼를 일 년에 3번이나 재배할 수 있어요.

한편 타이는 말레이시아와 함께 동남아시아를 대표하는 공업국으로 옷, 신발, 고무, 가전제품 등을 만들어 수출하고 있어요.

05 | 동부아시아,
경제가 눈부시게 발전 중이에요

- 몽골
  수도: 울란바토르
- 중국
  수도: 베이징
- 북한
  수도: 평양
- 대한민국
  수도: 서울
- 일본
  수도: 도쿄

123층인 롯데월드 타워와 남산 서울 타워가 보이는 대한민국 서울의 야경이에요.

동부아시아는 예의를 중시해요.

쌀 재배를 많이 해요.

한자를 써요.

경제적으로 눈부시게 발전하고 있어요.

　동부아시아는 동아시아 또는 동북아시아로도 불려요. 그동안 세계가 미국과 유럽 중심이었다면 앞으로는 아시아의 시대가 열릴 거라는 말이 나오는 이유 중 하나는 동부아시아 때문이에요.

　동부아시아에는 중국, 일본, 한국 등 경제 강국이 있어요. 이 세 나라의 경제력을 합치면 미국과도 대등해요. 그리고 자원의 보물 창고인 몽골도 동부아시아에 있지요.

　동부아시아 사람들은 열심히 공부해요. 우리나라뿐 아니라 일본, 중국도 교육열이 높아요. 그래서 세계적으로 높은 기술력을 갖춘 사람들이 많아요.

　동부아시아를 하나로 묶어 '한자 문화권'이라고도 해요. 일본이나 중국을 여행하다 보면 곳곳에서 한자를 만날 수 있는데, 이는 중국의 한자가 우리나라와 일본까지 전해졌기 때문이에요. '학교(學校)', '식당(食堂)', '도로(道路)' 등 우리나라 말의 70퍼센트 이상이 한자와 섞여 있답니다.

중국

수도: 베이징
언어: 중국어
종교: 불교, 이슬람교 외
한국 방문 순위: 1위

지리적으로 가깝기도 하지만 우리나라의 무역 상대국 1위가 미국에서 중국으로 바뀐 지 오래일 정도로 중국과 우리나라의 경제 관계는 깊어지고 있어요.

경제 특별 구역으로 지정된 선전시는 세계적인 기업들이 모여 있는 곳으로 중국에서 임금이 가장 높은 도시예요.

상하이시에 있는 와이탄은 금융 중심 업무 지구예요.

쑤저우는 '동양의 베니스'라 불리는 중국의 운하 도시예요.

우리나라에 살고 있는 중국인은 80만 명이 넘어요. 2021년 기준 우리나라에 살고 있는 외국인 가운데 가장 많아요.

경제가 빠르게 발전하면서 중국은 중국 돈인 위안화가 미국의 달러처럼 인정받도록 공들이고 있어요.

중국어는 지역마다 방언의 차이가 심해 서로 말이 통하지 않을 정도예요. 중국 사람들에게 중국어 비슷하게 흉내 내면 중국 방언인 줄 알 정도로요.

중국의 정식 명칭은 중화인민공화국이에요. 중(中)은 '중심', 화(華)는 '문화'라는 뜻으로, 세계의 중심, 문화의 중심이라는 의미를 담고 있어요. 영토가 약 960만 제곱킬로미터로 미국과 비슷해요. 매우 넓죠.

중국의 화폐 단위는 위안이에요. 대부분의 중국 돈에는 '마오쩌둥' 얼굴이 그려져 있지요. 마오쩌둥은 공산주의 국가인 지금의 중국을 세운 사람이에요.

중국에는 55개가 넘는 소수 민족이 있어요. 중국 정부는 소수 민족의 전통을 인정하고 있지만 독립은 절대 인정하지 않아요. 특히, 티베트족과 위구르족은 늘 독립을 꿈꾸며 노력하고 있어서 중국 정부와 마찰을 빚고 있어요.

지금 중국은 빠르게 발전하는 나라예요. 중국 부모들의 교육열 또한 굉장히 높아요. 1980년대 이후 한 자녀 갖기 운동으로 중국 대부분 가정은 아이가 하나예요. 그러다 보니 부모들이 모든 것을 바쳐 교육을 시키죠. 학비가 비싸다는 미국에도 현재 30만 명이 넘는 중국의 유학생이 있을 정도랍니다.

일본

수도: 도쿄
언어: 일본어
종교: 신도, 불교 외
한국 방문 순위: 2위

일본은 역사적 문제에 관한 입장 차이로 마음의 거리가 멀기도 하지만 아주 가까운 곳에 위치한 이웃 나라이기도 해 경제적, 문화적으로 긴밀한 관계를 유지해 오고 있어요.

일본에서 가장 높은 후지산은 멀리에서도 한눈에 보여요. 봄이 되면 일본을 대표하는 꽃인 벚꽃이 곳곳에 피면서 그 멋이 더해지지요.

1958년에 세워진 도쿄 타워는 도쿄의 상징이에요.

야키도리는 달콤 짭조름한 일본식 닭꼬치 요리예요.

> 2022년 기준, 아시아에서 노벨상을 받은 수상자가 가장 많은 나라예요. 스무 명이 넘어요.

> 규모는 작지만 100년 이상 유지하며 장수하는 기업과 가게들이 아주 많지요.

> 1990년, 세계에서 세 번째로 달에 과학 탐사선을 보냈어요. 또 2025년 이전까지 달에 과학 연구 기지를 건설할 거라고 해요.

　일본은 혼슈, 시코쿠, 규슈, 홋카이도 이렇게 큰 섬 4개와 4,000개가 넘는 작은 섬들로 이루어진 섬나라예요. 약 37만 7천 제곱킬로미터로, 면적은 한반도의 1.5배지요. 평야가 적고 산이 많으며 화산과 지진이 잦은 땅이에요.

　일본은 19세기에 아시아에서 가장 먼저 서양 문물을 들여와 나라를 발전시켰어요. 자본주의 경제를 도입했죠. 이때 서양 전문가의 도움을 받아 기업도 설립했어요.

　1945년, 제2차 세계 대전에서 패하면서 일본은 다시 일어서기 위해 노력했어요. 군대를 없애기로 약속하는 대신 미국의 원조를 받아 국방비를 경제 발전에 썼어요(하지만 군대가 없는 것은 아님. 일본의 군사력은 2022년 기준, 세계 5위). 그리고 한국 전쟁 때 전쟁 물자를 팔아 큰돈을 벌었죠. 1970년대에 석유 가격이 폭등하는 오일쇼크로 세계 경제가 휘청했지만 작고 경제성이 좋은 일본 자동차와 가전제품은 히트를 쳤어요. 도요타, 혼다, 닌텐도, 소니, 신일본제철, 도시바 등 일본의 자동차, 가전제품, 철강 산업은 세계 시장에서 인기를 끌었답니다.

몽골

수도: 울란바토르
언어: 몽골어, 카자흐어
종교: 티베트 불교 외
한국 방문 순위: 18위

몽골은 우리나라를 솔롱고스라고 부르는데 솔롱고스는 몽골어로 '무지개'라는 뜻이에요. 몽골의 수도 울란바토르에는 한국 사람들이 모여 사는 서울스트리트라는 마을이 있어요.

몽골의 수도 울란바토르는 몽골 인구의 약 절반이 사는 최대 도시예요. 중심에는 드넓은 수흐바타르 광장이 있어요.

7월마다 나담 축제를 열어 씨름, 경마, 활쏘기를 해요.

허르헉은 양고기와 야채를 달군 돌과 함께 통에 넣고 쪄요.

> 수도 울란바토르는 1월 평균 기온이 영하 27도로 아주 추운 곳이에요. 전 세계 수도 가운데 가장 추운 곳이랍니다.

> 몽골 남자들도 우리나라처럼 군대에 가야 합니다. 하지만 우리나라 돈으로 약 7만 원 정도의 '병역세'를 내면 군대를 가지 않아도 돼요.

> 몽골에는 거대한 고비사막이 있는데 지구상에서 가장 북쪽에 위치한 사막으로 암석 사막이에요. 공룡 화석이 많이 발견됐어요.

몽골은 끝없이 초원이 펼쳐진 초원의 나라예요. 또 '칭기즈 칸'의 나라로 기억하는 사람들도 많아요. 아주 옛날 13세기쯤 몽골 지역에는 여러 부족이 흩어져 살고 있었어요. 그런데 칭기즈 칸이라는 사람이 이 지역과 사람들을 몽골로 통일했어요. 그리고 힘을 키워 중앙아시아를 거쳐 유럽까지 진출하며 세계 역사상 가장 큰 제국인 '몽골 제국'을 만들기도 했지요. 또 칭기즈 칸의 후예들이 원나라를 세워 약 100년 동안 중국 대륙을 지배한 적도 있어요.

몽골은 세계에서 19번째로 땅이 넓은 나라예요. 무려 한반도의 7배나 되는 넓은 면적이죠. 하지만 이 넓은 땅에 인구가 332만 명 정도인데, 인구의 3분의 1이 수도 울란바토르에서 살고 있어요. 전체적으로 보면 세계에서 인구 밀도가 가장 낮은 나라 가운데 하나죠.

지금은 유목민이 크게 줄긴 했지만 여전히 양, 염소, 소, 말, 낙타 같은 가축이 국가 경제에 중요해요. 특히 양은 전체 가축의 60퍼센트를 차지한답니다. 또한 농사짓기에 불리한 기후라 농경지는 국토의 1퍼센트도 채 안 되고, 주요 작물은 춥고 건조한 곳에서도 잘 자라는 밀이에요. 한편 몽골은 금, 텅스텐, 우라늄 등 지하자원이 풍부해요.

2부 더 촘촘히 살펴보는 아시아

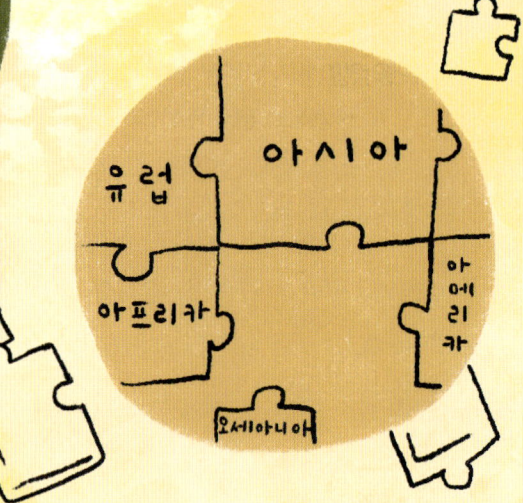

아시아는 가장 큰 대륙이에요. 그만큼 인종, 기후, 언어 등 모든 게 엄청 다양하답니다.

아시아는 세계에서 가장 인구가 많은 대륙이에요.

우랄산맥을 기준으로 유럽과 아시아로 나뉘어요. 우랄산맥이 기준이다 보니 러시아는 지리적으로 3분의 1이 유럽, 3분의 2가 아시아에 해당돼요.

첼류스킨곶: 아시아의 북쪽 끝

유럽

아시아

흑해

카스피해

지중해

바바곶: 아시아의 서쪽 끝

홍해

아프리카

인도양

피아이곶: 아시아의 남쪽 끝

01 궁금해, 아시아의 이름과 범위

데즈뇨프곶:
아시아의 동쪽 끝

'아시아'라는 지명이 어디서 왔는지에 대해 여러 주장이 있어요. 그런데 이것저것 들어 보면 결국, 아시아는 '해가 뜨는 곳', 즉 유럽인들이 보았을 때 그들의 '동쪽'이란 뜻이에요. '아시아'란 말은 고대 아시리아어의 '아쑤(Assu)'에서 왔다고 해요. '일출(해가 뜬다)'을 뜻하지요. 그런가 하면 약 3250년 전 히타이트가 에게해 동쪽에 있는 '아쑤바(Assuva, 영토 또는 부족의 이름)를 정복했다'는 기록이 있어요. 여기서 '아쑤바'도 '아쑤'에서 온 말일 것이라고 추측해요. 이런 과정을 통해 그리스인들이 에게해 동쪽에 있는 큰 땅을 '동쪽 지역'이란 뜻인 '아쓰바'로 불렀어요. 그리고 근대에 와서 서양인들이 '아쓰바'를 비슷한 발음인 '아시아'로 불렀고, 이것이 오늘날까지 전해져 '아시아'가 됐다고 해요.

태평양

아시아, 해가 뜨는 곳!

ASSUVA

어디까지가 아시아일까요?

아시아는 유럽 대륙, 아프리카 대륙과 연결되어 있어서 어디까지가 아시아인지 좀 헷갈려요. 아시아의 범위를 알려면 먼저 서쪽에 있는 유럽과의 경계가 어디인지 알아야겠죠.

아시아는 우랄산맥을 경계로 유럽 대륙과 구분돼요. 좀 더 남쪽으로 내려오면 카스피해, 흑해, 지중해도 경계가 되죠. 더 남쪽으로 내려오면 붉은 바다 홍해와 수에즈 운하가 있는 수에즈 지협(두 개 육지 사이를 잇는 좁고 잘록한 땅)을 경계로 아프리카 대륙과 구분되고요. 나머지는 바다가 경계가 되는데, 북쪽은 북극해, 동쪽은 태평양, 남쪽은 인도양이 있어요.

아시아의 면적은 4,397만 6,000제곱킬로미터로 지구 전체 대륙의 30퍼센트이고, 섬까지 합치면 약 32퍼센트를 차지해요. 이는 중국과 미국을 합친 면적의 약 4.5배, 한반도의 약 200배 가까운 넓이예요. 이렇게 땅이 넓

시베리아의 데즈뇨프곶은 유라시아 대륙의 동쪽 끝이에요.

다 보니 해안선도 길어요. 해안선 길이가 약 12만 9,000킬로미터죠. 지구를 세 바퀴도 넘게 도는 거리예요. 놀랍죠?

아시아는 세계에서 가장 큰 대륙이에요. 동쪽 끝에서 서쪽 끝까지 최대 약 10,000킬로미터에 달해요. 한반도 남북 길이의 약 10배인데, 시속 800킬로미터 여객기로 약 12시간 반을 날아가야 하죠. 아시아의 동쪽 끝은 베링해와 만나는 데즈뇨프곶(또는 East Cape)이고, 서쪽 끝은 튀르키예의 다르다넬스해협의 바바곶 남쪽이에요. 곶은 바다를 향해 삐죽 튀어나온 땅을 말해요.

한편 남쪽 끝에서 북쪽 끝까지 길이는 최대 약 9,000킬로미터예요. 남북으로도 길죠. 아시아 북쪽의 북극해 주변은 일 년 내내 겨울인데, 남쪽의 적도 지역은 일 년 내내 여름이에요. 가장 북쪽 끝은 시베리아 북부 첼류스킨곶이고, 가장 남쪽 끝은 싱가포르 근처 피아이곶이에요.

튀르키예의 바바곶은 아시아 대륙의 서쪽 끝이에요.

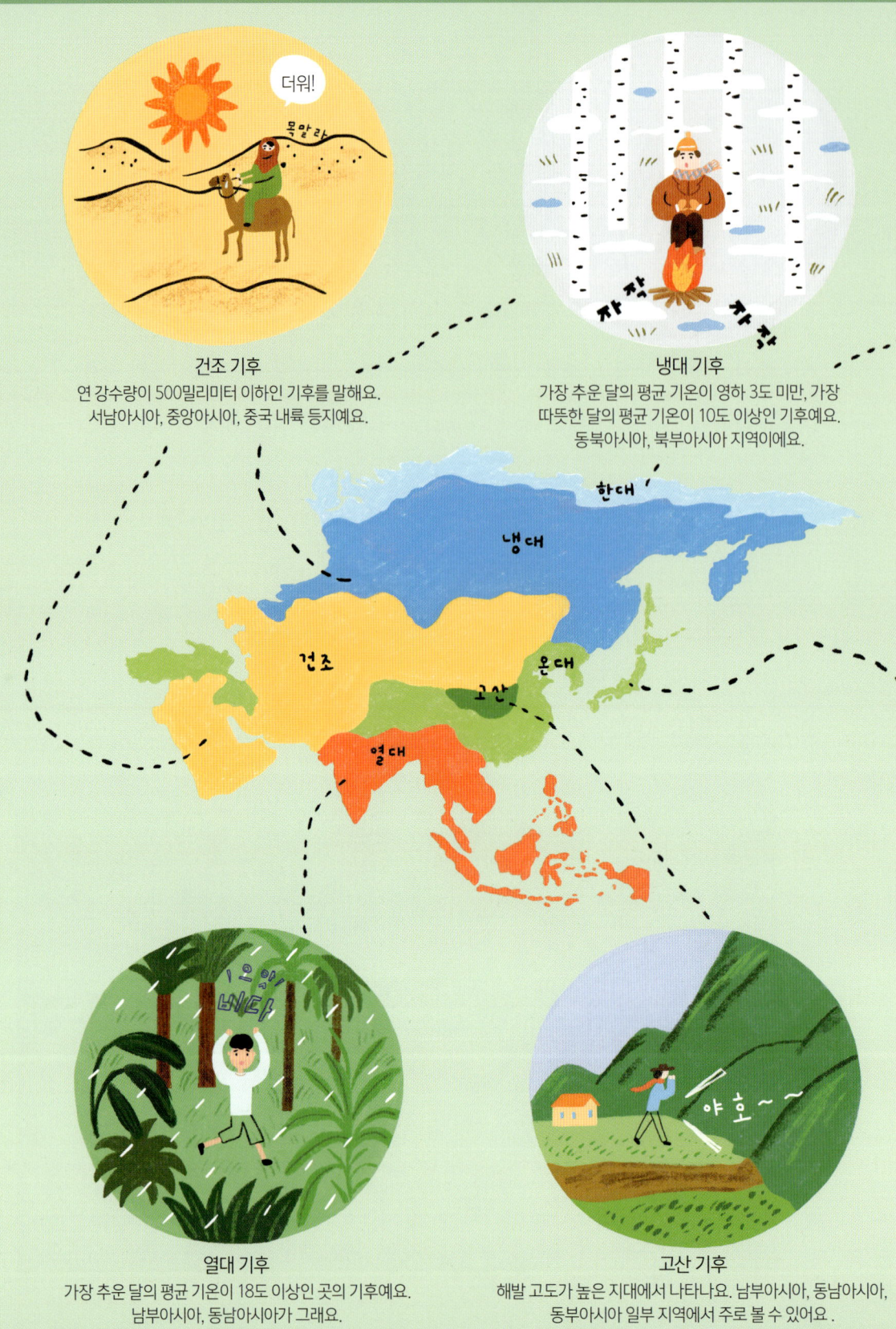

한대 기후
가장 따뜻한 달의 평균 기온이 10도 미만인 곳의 기후예요. 북극해 주변이 그래요.

베트남 하롱베이는 약 1,600개의 섬이 장관을 이뤄요.

02 저마다 다른 아시아의 자연

아시아는 땅이 넓은 만큼 여러 가지 기후가 나타나요. 내내 더운 열대 기후, 계절 변화가 뚜렷한 온대 기후, 높은 곳의 고산 기후, 영하 20~30도까지 떨어지는 냉대 기후, 나무를 볼 수 없을 만큼 추운 한대 기후와 매우 건조한 건조 기후도 나타난답니다.

제주 성산일출봉은 바닷속에서 솟은 마그마로 만들어졌어요.

온대 기후
가장 추운 달의 평균 기온이 영하 3도에서 18도 이하인 기후예요. 동부아시아의 남부, 동남아시아의 북부, 남부아시아의 북부 등지예요.

중국 단샤산은 붉은 사암(모래알이 뭉쳐 굳어진 암석) 봉우리가 모여 있는 지대예요.

촉촉일까요, 축축일까요? 몬순 아시아

기후를 중심으로 보면 아시아는 비가 충분하여 습한 몬순 아시아와 비가 적은 건조 아시아로 나눌 수 있어요. 몬순이란 말은 계절풍을 뜻해요. 계절풍은 계절에 따라 방향이 바뀌는 바람이고요.

우리나라를 생각하면 쉽게 이해할 수 있어요. 우리나라는 겨울에는 북쪽의 시베리아에서 겨울 계절풍이 불어오고, 여름에는 남쪽의 북태평양에서 여름 계절풍이 불어와요. 이런 몬순의 영향을 받는 아시아를 몬순 아시아라고 해요.

몬순 아시아 지역과 건조 아시아 지역을 칼로 자른 것처럼 딱 구분하기는 어려워요. 대체로 동부아시아, 동남아시아, 남부아시아는 계절풍의 영향을 받는 곳이 많아요. 몬순 아시아는 여름에 바다에서 오는 바람의 영향으로 비가 많이 내려요. 세계에서 비가 가장 많이 내린다는 인도 아삼 지방의 체라푼지도 남쪽에서 불어오는 계절풍 때문에 비가 많이 오는 거예요. 계절풍이 남쪽에서 바다를 건너며 물기를 흠뻑 머금고 와 체라푼지 가까이 있는 히말라야산맥에 부딪히면서 물기를 비로 쏟아내지요.

이 계절풍은 13억 5천만 인도 인구의 약 70퍼센트를 먹여 살리는 벼농사에 영향을 주고, 목화나 황마 농사에도 결정적인 영향을 끼치지요.

메마르다 메말라, 건조 아시아

서남아시아와 중앙아시아 지역 그리고 중국 내륙 지역이 건조 아시아예요. 이곳은 사막과 짧은 풀로 된 초원이 펼쳐져요. 여기서 건조하다는 말은 내리는 비나 눈의 양보다 증발되는 수증기의 양이 많아서 일 년 중 긴 시간 동안 지표가 메말라 있다는 뜻이에요.

건조 아시아 중 어떤 곳은 비가 거의 내리지 않거나 일 년 동안 강수량이 100밀리미터도 안 돼요. 100밀리미터는 우리나라 장마 때 하루에도 쏟아지는 양이에요. 이런 곳은 사막이 발달하는데 너무 메말라서 생물이 살기 어려워요. 그래서 이곳에는 아주 적은 양의 물만으로도 살 수 있는 식물들이 자라요. 동물들은 뜨거운 낮에는 땅속에 있다가 밤에 돌아다니도록 생존 전략을 짰어요.

북위 23도 27분에 위치한 북회귀선 부근은 높은 상공의 공기가 땅으로 내려오면서 뜨겁고 건조하게 바뀌어 사막을 만들어요. 서남아시아의 아라비아반도에 있는 사막처럼 말이에요. 이에 반해 중앙아시아의 사막과 중국, 몽골 지역의 사막은 바다와 멀리 떨어진 대륙 안쪽에 있어요. 바다와 멀리 떨어져 있어서 사막이 된 거예요.

일 년 중 절반이 눈으로 덮여 있는 신기한 사막도 있어요. 앞서 설명했듯이 사막은 무조건 뜨거운 곳이 아니라 매우 건조한 곳이라서 그래요.

아시아의 사막 주변에는 키 작은 풀이 자라는 초원(스텝)이 있어요. 여기도 건조 기후인데 이곳은 말, 양, 낙타 등에게 풀을 먹이는 유목민의 땅이었어요.

아시아의 다양한 기후를 알아보아요!

아시아에서 나타나는 모든 기후 가운데 열대, 온대, 냉대 기후는 나무를 볼 수 있는 기후이고, 건조와 한대 기후는 너무 건조하거나 추워서 나무를

열대 기후
일 년 내내 더워요. 하루에 한두 시간쯤 많은 비가 쏟아지는 '스콜'이 자주 내려요.

말레이시아의 보르네오섬

건조 기후
매우 건조하여 수목이 자라기 어려운 기후고, 일교차가 심해요.

몽골의 고비사막

온대 기후
사계절이 있고, 사람들이 생활하기 좋아요.

우리나라의 제주도 섭지코지

볼 수 없는 기후예요. 기후를 구분할 때 나무가 있느냐 없느냐는 매우 중요한 조건이랍니다.

러시아의 시베리아 자작나무 숲

냉대 기후
겨울에 영하 20~30도까지 떨어져요.

러시아의 시베리아 네네츠족의 순록 유목 지역

한대 기후
북극해 주변의 기후예요. 어떤 곳은 일 년 내내 0도 미만이라 줄곧 얼음으로 덮여 있어요.

네팔 탐세르쿠산의 고산 마을

고산 기후
높은 곳에서 많이 보이는 기후예요. 기온이 10~15도 정도로 일 년 내내 봄 같아요.

03 우쭐우쭐 아시아의 자랑거리

아시아에는 세계에서 가장 높은 지역도, 낮은 지역도 있어요. 또한 인류의 초기 문명이 발생한 지역도 있는 유서 깊은 문화권이에요. 인류 최초로 발명된 것도 많지요.

세계에서
가장 높은 산
에베레스트산
8,848m

세계에서
가장 긴 강
나일강
6,700km

아시아의 **높은 산** 순위

1. 에베레스트산 8,848m
2. K2산 8,611m
3. 칸첸중가산 8,586m
4. 로체산 8,516m
5. 마칼루산 8,463m

아시아의 **긴 강** 순위

1. 양쯔강 6,300km
2. 오비-이르티시강 5,568km
3. 예니세이-안가라강 5,550km
4. 황허강 5,464km
5. 아무르강 4,350km

물에 뜬다!

250m
예리코

400m
사해

히말라야는 네팔, 인도, 파키스탄, 중국, 부탄에 걸쳐 있는 산맥으로 지구에서 해발 고도가 가장 높은 곳으로 유명해요.

세계에서 가장 높은 곳이 아시아에 있어요!

세계의 지붕인 파미르고원과 티베트고원, 그리고 세계 최고 산맥인 히말라야가 아시아에 있어요. 히말라야에는 8,000미터가 넘는 산이 10여 개 있는데 가장 높은 봉우리는 에베레스트산이에요. 에베레스트를 티베트 사람들은 '초모룽마' 즉, '세계의 어머니' 또는 '성스러운 어머니'로, 네팔에서는 '사가르마타' 즉, '하늘의 여신'이라고 불렀어요. 그런데 19세기 인도를 식민지로 삼은 영국이 당시 영국인 측량 국장의 이름을 따서 '에베레스트'라는 이름을 붙였지요.

히말라야산맥은 워낙 고도가 높은 지역이다 보니 현지 사람들은 해발 고도 4천 미터 이하인 산은 산으로 보지 않는다고 해요. 참고로 대한민국에서 가장 높은 산인 한라산은 1,950미터예요.

고대 도시 예리코에서는 초기 신석기에서부터 후기 청동기에 이르기까지 많은 도시 유적과 집단 묘지가 발굴되었어요.

세계에서 가장 낮은 곳도 아시아에 있어요!

세계에서 가장 낮은 곳도 아시아에 있어요. '죽음의 바다'라는 뜻의 사해로 해수면보다 400미터가 낮아요. 바닷물보다 약 5~6배나 염분이 높아서 생물이 거의 못 살아요. 하지만 짠물 때문에 아무 노력 없이 물에 둥둥 뜨게 될 테니 수영을 못해도 걱정 말아요.

그러면 육지 중에서 가장 낮은 곳은 어디일까요? 사해에서 11킬로미터 떨어진 고대 도시 '예리코'예요. 예리코는 해수면보다 약 250미터 낮아요. 서울에 있는 63빌딩 높이가 249미터니까 그만큼 낮은 거예요.

예리코는 세계에서 가장 오래된 도시 가운데 하나예요. 약 7000년 전의 집터 유적이 있고, 약 1만 년 전 제단과 그릇이 발견되었어요.

거인의 눈썹이라고요? 바이칼 호수

하늘에서 시베리아를 내려다보면 거인의 눈썹 같기도 하고 초승달 같기도 한 호수가 있어요. '바이칼 호수'예요. 그곳 사람들은 바이칼 호수를 바다라고 불러요. 약 360개 강이 흘러들고 남한의 3분의 1 크기인 큰 호수이니 바다로 착각했을 거예요. 2천 5백만~3천만 살쯤으로, 지구에서 가장 나이 많은 호수로 알려져 있어요.

바이칼호 27개 섬 중 사람이 사는 곳은 올혼섬이에요. 혹독한 시베리아 추위 때문에 이곳 사람들은 동물, 식물, 물, 바위 등을 신으로 모시며 삶의 행복을 기원해 왔어요. 그래서 '종교의 땅'이라고 불리지요.

바이칼 호수 주변에는 부랴트족이 세운 수호신, 세르게가 있어요. 오색 천 조각을 두른 13개의 나무 말뚝이에요.

칭기즈 칸이 묻힌 신령한 장소로 여겨지는 부르한 바위는 바이칼 호수의 상징이에요.

세계의 민물 창고
지구에 있는 민물(짠물이 아닌 육지 물, 즉 담수)의 20퍼센트가 바이칼호에 있어서 '세계의 민물 창고'라는 별명이 붙었어요. 지도에서 보면 아메리카의 오대호가 더 커 보이지만, 물 양은 바이칼호가 3배나 많아요.

시베리아의 푸른 눈
약 640킬로미터의 쫙 찢어진 눈 모양인 데다 맑고 깊어 '푸른 눈'이라 불려요. 맨눈으로 수심 40미터까지 보일 정도이며 가장 깊은 곳의 수심은 1,742미터로 세계에서 가장 깊은 호수예요.

80퍼센트가 고유종
호수와 그 주변에 2,600여 종의 동식물이 살아요. 그중 80퍼센트는 딱 여기에만 사는 고유종이에요. '네르빠'라는 물범은 바이칼 호수에만 사는 물범이지요.

아시아 최초의 발명품을 소개합니다!

아시아에는 상상을 초월하는 능력자들이 많았어요. 그들은 문명사회를 이루고, 여러 가지 발명품을 만들었어요. 시간 측정법은 지금의 이라크 땅에 살던 수메르인이 만들었고 알파벳은 지금의 레바논 지역에 살던 페니키아인들이 만들어 그리스와 로마로 전해졌어요. 모양이 조금씩 바뀌어 알파벳이 되었지요. 세계 최고의 발명이라고 할 수 있는 인쇄술은 우리나라와 중국에서 만들었답니다.

종이

종이의 발명은 정말 대단해요. 종이는 기원전 105년경 지금의 중국에서 처음 만들었어요. 그전에는 동물 가죽이나 뼈, 나무껍질 등에 글자를 썼어요. 하지만 너무 무겁거나 비쌌지요. 많은 글자를 넣을 수도 없었답니다. 그러다 채륜이란 사람이 순수한 식물만으로 종이를 만들었어요. 종이는 가볍고 글자를 많이 쓸 수 있어 문명 발달에 크게 기여했어요. 옛날에는 닥, 삼, 마 등을 원료로 해서 손으로 만들었지만, 오늘날에는 목재 펄프를 써서 기계로 만들어요.

종이 돈

아주 옛날에 사람들은 필요한 것은 스스로 만들어 쓰는 자급자족을 했기 때문에 돈이 필요 없었어요. 그러다 서로 필요한 물건을 바꾸어 쓰는 물자 교류가 늘면서 기준이 되는 어떤 것으로 편리하게 교환하기 위해 돈이 생겨났어요. 처음에는 가죽 돈이나 금화, 은화 같은 금속을 돈으로 썼어요. 그러다 중국에서 가벼운 종이 돈을 쓰면서 무역이 더욱 발달하게 되었고요.

　최초의 종이 돈은 14세기 중국 명나라 때 만든 대명통행보초예요. 당시 종이 돈은 종이에 황제의 도장과 서명을 넣어 폼 나게 만들었어요. 그런데 얼마 안 가서 사용이 중단되었어요. 가짜 종이 돈이 만들어지면서 경제 질서가 어지러워졌거든요. 종이 돈은 금화처럼 그 자체가 가치를 가진 게 아니잖아요. 그러다가 가짜 종이 돈을 만들어 유통시키는 것을 막을 수 있는 방법이 하나둘씩 개발되면서 지금은 거의 모든 나라에서 종이 돈을 쓰고 있어요.

아라비아 숫자

　0, 1, 2, 3… 아라비아 숫자도 아시아에서 나왔어요. 숫자는 인도에서 처음 쓰였는데 아라비아를 거쳐 유럽으로 전해졌어요. 그래서 아라비아 숫자라고 부르지요. 특히나 '0'은 정말 신기한 숫자예요. 모든 수에 0을 곱하면 반드시 0이 되지요. 그런가 하면 양수와 음수의 기준이 되기도 해요. 또 어떤 숫자의 앞에 붙으면 아무런 의미가 없지만 뒤에 붙으면 10배, 100배, 1000배가 되지요.

04 젊다, 많다, 아시아의 인구

오늘날 세계 인구는 2022년을 기준으로 79억 명이 넘었어요. 세계 4대 인구 밀집 지역 중 3곳이 아시아에 있어요.
아시아의 인구 밀도는 1제곱킬로미터당 113명으로 세계 최고예요. 유럽의 1제곱킬로미터당 101명, 아프리카의 1제곱킬로미터당 21명, 북아메리카의 1제곱킬로미터당 18명, 라틴아메리카의 1제곱킬로미터당 17명보다 훨씬 높아요.

적당히 낳읍시다, 동부아시아

동부아시아는 한국, 중국, 일본, 몽골 등이 속하며 나라 수가 적고 인구 증가율이 느린 편이에요.

현재 중국은 인구가 약 14억 2천만 명, 일본은 약 1억 2천만 명, 남북한에는 약 8천만 명이 있어요. 이 중 한국이나 일본은 지금으로 봐서는 인구 증가가 거의 끝난 거 같아요. 예전에는 '자식 많은 것을 복'이라 여겼지만, 지금은 그런 생각이 거의 사라지고 있지요. 그 외에도 아이를 낳지 않거나 적게 낳는 데는 여러 이유가 있겠지만요. 지금처럼 아이를 적게 낳고 다른 나라에서 사람들도 오지 않는다면 한국과 일본은 언젠가는 빈 땅으로 변할 거래요. 그래서 한국이나 일본은 출산을 장려하고 교육비, 육아비 등을 지원하죠.

동부아시아의 인구 운명은 중국 손에 달렸어요. 여전히 인구가 늘고 있으니까요. 중국은 1980년 이후 '한 자녀 갖기 운동'을 했어요. 말이 운동이지 강제로 했어요. 이 정책은 전체 인구의 93퍼센트를 차지하는 한족에게만 적용되었어요(중국에는 55개의 다양한 민족이 있음). 단, 일손이 필요한 농촌에서는 첫째가 딸이면 하나 더 낳을 수 있었어요. 이를 어기면 엄청난 벌금을 물렸지요. 그래서 중국은 인구가 빠르게 늘어나는 것을 막을 수 있었답니다.

그런 중국이 2016년부터 '두 자녀 정책'을 시행했어요. 중국이 이처럼 계획을 바꾼 이유는 인구가 늘더라도 식량이나 에너지를 공급할 수 있기 때문이에요. 또한 젊은 층의 인구가 늘면 경제에 활력을 주기 때문이기도 하고요.

와글와글, 많다 많아 남부아시아

남부아시아는 전 세계 인구의 25퍼센트가 사는 인구 1위 지역이에요. 동부아시아와 달리 남부아시아는 인구가 빠르게 늘고 있지요.

남부아시아의 인구 1위국 인도는 2022년 현재, 약 13억 5천만 명, 파키스탄은 약 2억 2천만 명, 방글라데시가 1억 7천만 명이에요. 그 외 네팔, 부탄, 스리랑카를 합치면 약 5천만 명이 넘어요.

남부아시아의 인구 문제는 인도 손에 달려 있어요. 사실 인도는 1952년 세계 최초로 인구 제한 정책을 실시했어요. 하지만 살생을 금하고 자식이 많은 것을 복으로 여기며 아들을 선호하는 사상, 벼농사에 노동력이 많이 필요한 현실, 홍보 글을 읽지 못하는 문맹이 많은 점 등 때문에 인구 정책이 대부분 실패했지요.

인도의 인구 밀집 지역이에요. 많은 전문가들이 빠르면 2023년, 인도 인구가 세계 1위가 되리라 전망해요.

아시아 사람들이 가는 곳은?

오늘날 아시아에서는 주로 경제적 이유로, 일자리를 찾아 사람들이 이동해요. 먼저, 남부아시아에서 서남아시아로 이동해요. 서남아시아에는 석유로 돈을 많이 번 나라가 많은데 이런 나라에서는 어렵고 위험한 일을 할 사람이 부족해요. 그래서 남부아시아의 파키스탄과 방글라데시 사람들이 서남아시아 나라에 가서 일을 해요.

다음은 남부아시아에서 동남아시아로 이동해요. 타이, 말레이시아, 인도네시아와 같은 동남아시아 국가는 산업화가 빠르게 진행되면서 일자리가 늘고 있거든요.

동남아시아에서 동부아시아로 이동하기도 해요. 동부아시아는 아시아에서 경제가 가장 발전한 곳이니까요. 한국, 중국, 일본 간 인구 이동도 활발해요. 일본은 기술 수준이 높고 잘살죠. 한국과 중국에서 일본으로 유학을 가거나 고급 인력이 가기도 해요. 한국과 중국 간에는 사업을 하거나, 일자리를 얻기 위해 활발히 이동하고요.

난 파키스탄에서 왔어. 사우디아라비아에서 일을 하면서 돈을 모으고 있지.

나는 방글라데시 사람. 이곳 말레이시아 회사에서 일하고 있어.

난 베트남에서 왔어. 한국에서 공부하며, 아르바이트도 하고 있어.

05 자꾸자꾸 생각나는 아시아의 맛

아시아는 세계적인 쌀과 밀의 원산지예요. 그 어떤 식재료보다 쌀이 많이 쓰이죠. 쌀로는 주로 밥을 짓지만 떡이나 쌀국수를 만들어 먹기도 해요. 쌀과 밀로 주식 이외에 간식도 많이 만들어 먹는답니다. 특히 밀은 가루로 빻아서 국수, 과자, 부침개 등을 만들어 먹지요.

중국의 밀가루 과자, 월병

캄보디아의 떡, 놈언썸

베트남의 쌀가루 부침개, 반쎄오

아시아의 다양한 맛

아시아의 맛은 다양해요. 아시아는 면적도, 인구도 세계 최대, 역사도 세계 최고예요. 아주 오래전부터 다양한 기후에서 가지각색의 문화를 가진 사람들이 살았지요. 음식도 문화니까 맛도 다양할 수밖에 없겠죠?

아시아는 쌀과 밀이 생겨난 곳이에요. 그래서 어떤 음식 재료보다 쌀과 밀이 많이 쓰이죠. 우리나라의 해물 파전, 중국의 월병, 인도의 난, 일본의 당고, 베트남의 반쎄오, 캄보디아의 놈언썸 등은 쌀과 밀을 가지고 만든 음식들이에요. 쌀은 밥으로도 먹고, 떡으로도 국수로도 만들어 먹어요. 밀은 가루를 내어 국수, 과자, 부침개 등을 만들어 먹고요. 쌀이나 밀은 탄수화물이 많이 들어 있어 에너지를 내는 데 아주 요긴해요.

한편 아시아 사람들은 지역에 따라 고기도 많이 먹어요. 고기에는 육지에 사는 고기도 있고, 물에 사는 고기도 있어요. 육지에 사는 고기는 주로 소, 돼지, 닭, 양이고 물에 사는 고기는 참치, 고등어, 가재 등이죠. 특히 서남아시아와 중앙아시아 같은 건조 기후 지역에서는 농사를 짓기 어렵기 때문에 유목에 의존하면서 양, 낙타, 순록 등을 키우고, 가축의 젖과 고기를 먹었어요. 유목민들은 이동하는 생활 습관 때문에 간편하고 저장이 쉬운 음식을 개발했어요.

우리나라의 삼겹살 구이, 일본의 돈카츠, 필리핀의 레촌은 돼지고기로 만든 요리이고, 중국의 쿵파오지딩, 튀르키예의 치킨 케밥, 타이의 카이양은 닭고기로 만든 요리예요. 우리나라의 소고깃국, 일본의 규동 등은 소고기를 이용한 요리지요.

깊은 전통의 맛 중앙아시아 음식

오쉬(팔롭, 플로프)

먹는 국가: 우즈베키스탄
재료: 쌀, 당근, 고기, 건포도 등

오쉬는 커다란 무쇠솥에 당근, 고기, 건포도를 듬뿍 넣어 볶는 우즈베키스탄 전통 볶음밥이에요. 기름을 많이 넣고 볶아 기름밥이라고도 불려요. 결혼식 같은 특별한 날에는 꼭 먹어요.

베쉬바르막

먹는 국가: 중앙아시아, 러시아, 중국
재료: 고기(양, 말, 소), 양파, 밀가루 등

'다섯 손가락'이란 뜻의 카자흐스탄 전통 음식이에요. 유목민들이 손으로 먹었던 데에서 유래되었어요. 납작한 밀가루 면 위에 고기를 삶아 썰어 올리고 고기 삶은 국물에 양파 소스를 뿌려 곁들여요.

라그만

먹는 국가: 중앙아시아, 러시아, 중국
재료: 밀가루, 고기, 야채, 향신료 등

국수의 조상이라 할 수 있을 정도로 아주 오래전부터 먹었던 국수예요. 밀가루 반죽을 손으로 비벼 한 가닥씩 만든 면 위에 다양한 고기와 야채 토핑을 얹은 국수예요. 지역마다 재료와 국물의 양이 달라요.

입맛을 돋우는 서남아시아 음식

키베

먹는 국가: 아시아 남서부 등
재료: 불구르, 양고기, 향신료 등

레바논과 시리아의 전통 음식이에요. 싹이 난 밀을 찐 다음 말려 부순 불구르로 만든 반죽 안에 양고기를 넣어 익히거나 튀긴 음식으로, 서남아시아 지역의 인기 간식이에요.

후무스

먹는 국가: 이스라엘, 시리아, 요르단 등
재료: 병아리콩, 참깨 소스, 올리브 기름, 레몬 주스

병아리콩을 으깨어 참깨 소스, 올리브 기름, 레몬 주스, 소금, 마늘 등과 함께 버무린 음식인데 식사 전 입맛을 돋우기 위해 먹거나 닭구이, 생선, 삶은 계란, 식사 빵, 나초, 크래커 등과 함께 먹어요.

바클라바

먹는 국가: 튀르키예, 아제르바이잔, 이란 등
재료: 밀가루, 달걀, 견과류, 설탕 시럽이나 꿀 등

얇게 편 밀가루 반죽 사이마다 다진 견과류로 채운 뒤 설탕 시럽이나 꿀을 발라 구워 낸 페스츄리예요. 19세기까지는 사치스러운 음식으로 여겨, 특별한 날에만 먹을 수 있었어요. 엄청 달콤해요.

향이 다채로운 남부아시아 음식

에마 다시

먹는 국가: 부탄, 인도 북동부, 네팔
재료: 칠리고추, 치즈, 마늘, 토마토 등

고추 농사를 많이 짓고 목축을 많이 하는 부탄의 전통 음식이에요. 매운 칠리고추와 치즈를 넣고 마늘과 토마토 등을 곁들여 찐 요리지요. 이것만 먹으면 무척 매워서 밥이나 면에 비벼 먹는다고 해요.

스리랑카 카레

먹는 국가: 스리랑카
재료: 마살라(혼합 향신료), 야채, 고기, 해물 등

카레는 끼니 때 매번 올라오는 우리나라의 김치처럼 끼니마다 꼭 올라오는 스리랑카 사람들의 영혼의 음식이에요. 스리랑카의 카레는 걸쭉한 인도 카레와 달리 수프처럼 묽은 편이지요.

인도 카레

먹는 국가: 인도 외 아시아 전반
재료: 마살라, 야채, 고기, 해물 등

고기, 해물, 야채에 각종 향신료를 넣어 조리한 인도 대표 음식이에요. 세계로 퍼지며 각 나라의 상황에 맞게 바뀌었는데 특히 아시아에는 다양한 카레가 있어요. 주로 난이나 밥에 곁들여요.

새콤달콤, 매콤한 동남아시아 음식

쌀국수

먹는 국가: 베트남

재료: 쌀국수, 고기, 해물, 숙주, 라임, 양파 등

쌀가루로 만든 국수를 삶아 쇠고기나 닭고기로 만든 육수에 말아 고기와 함께 먹어요. 라임과 고추 등을 곁들이지요. 베트남 하면 떠오르는 대표 음식이에요.

아목 트레이

먹는 국가: 캄보디아

재료: 생선, 야채, 혼합 향신료, 코코넛 크림 등

생선을 향신료와 코코넛 크림으로 양념하고 각종 야채를 곁들여 바나나잎으로 감싸 찌거나 구운 카레예요. 걸쭉한 찌개 같지만 새콤달콤해요. 캄보디아 사람들이 가장 좋아하는 음식으로 꼽혀요.

솜땀

먹는 국가: 타이

재료: 그린 파파야, 마른 새우, 피시 소스, 라임 등

설익은 그린 파파야로 만드는 샐러드예요. 새콤달콤, 매콤, 짭조름한 다양한 맛을 한번에 느낄 수 있어요. 주로 쌀밥에 곁들이거나 고기, 생선과 함께 먹기도 해요.

저마다 색다른 동부아시아 음식

스시

먹는 국가: 일본

재료: 쌀, 각종 생선, 해산물, 달걀 등

소금과 식초, 설탕으로 간을 한 흰 쌀밥을 갸름하게 뭉치고 그 위에 얇게 저민 생선 회, 해산물, 달걀 등을 얹어서 만든 일본의 대표 음식이에요. 세계 어디를 가도 볼 수 있을 만큼 유명하지요.

베이징덕

먹는 국가: 중국

재료: 오리, 꿀, 쪽파, 회향 씨, 생강, 참기름 등

오리에 달콤한 소스를 발라 장작불에 연기와 향을 입히며 3시간 넘게 굽는 베이징 전통 요리예요. 바삭한 껍질과 고기의 고소한 맛이 잘 어울려요. 예전에는 상류층이 먹던 고급 요리였대요.

비빔밥

먹는 국가: 한국

재료: 야채, 쌀, 고추장, 참기름 등

골동반이라고도 하는데, '골동'이란 섞는다는 뜻이에요. 흰 밥 위에 갖가지 나물과 고기볶음 등을 올리고 참기름과 양념으로 비빈 음식이에요. 몸에 좋고 맛있기로 세계에서 유명해요.

06 진짜 다양한 아시아의 언어

세계에는 약 6,500여 종의 언어가 있고, 그중 약 31퍼센트가 아시아에 있어요. 그러니까 아시아 사람들과 대화하려면 약 2,000개의 언어를 알아야 해요. 하지만 그 많은 언어를 다 알기는 어렵고, 대신 몇 개의 언어를 알면 아주 많은 아시아인과 대화할 수 있어요. 바로 중국어, 아랍어, 힌디어지요.
세계 5대 언어가 영어, 힌디어, 중국어, 에스파냐어, 아랍어인데, 그중 3개가 아시아에서 쓰여요.

여러 나라의 인사말

- สวัสดี ครับ 싸왓디-크랍 — 타이어
- こんにちは 곤니치와 — 일본어
- Selamat siang 슬라맛 시앙 — 인도네시아어
- Xin chào 씬 짜오 — 베트남어
- Амансыз ба 아멘스즈 베 — 카자흐어
- Сайн байна уу? 새응 배노 — 몽골어

아시아에서 많이 쓰는 언어를 소개합니다!

중국어

중국이 G2(세계에서 경제적 힘이 센 국가, 미국과 중국을 뜻하는 말)로 불리고 세계에서 영향력이 커지면서 중국어 인기도 높아졌어요. 중국어를 쓰는 사람이 중국인과 세계에 퍼져 있는 화교까지 합쳐 약 16억 명이에요. 단일 어로는 사용자가 세계에서 가장 많죠. 그런데 막상 중국에서 쓰이는 중국어도 여러 개라 무엇이 진짜 중국어냐고 물으면 답이 없어요. 그래서 중국은 수도 베이징을 중심으로 쓰는 베이징어를 '보통화'라고 하여 공식 중국어로 정했어요. 하지만 남쪽의 광둥성에는 '광둥어', 동쪽의 상하이에는 '상하이어' 등이 쓰이고 있어 베이징어가 중국 전체의 표준어라고 하기에는 다소 무리가 있답니다.

중국어 글자, 한자

힌디어

힌디어는 영어와 함께 인도의 공용어예요. 네팔어, 우르두어(파키스탄에서 쓰는 언어)와 비슷해요. 그래서 따로 공부를 하지 않아도 의사소통이 가능해요. 힌디어에서 힌디는 '힌두', 즉 인도를 칭하며, 인도 인구의 35퍼센트인 약 4억 명이 사용해요.

인도는 다양한 언어를 쓰는 나라로도 유명

힌디어 글자

해요. 인도의 화폐를 보면 15개의 언어가 쓰여 있을 정도니까요. 그나마도 700~1,600개 언어 중에서 많은 사람이 사용하는 언어 15개만 추린 거예요. 1950년 인도는 힌디어를 유일한 국어나 공용어로 정하려 했으나 다른 민족들이 반대했어요.

인도에서 공무원이 되려면 힌디어와 함께 영어를 반드시 알아야 해요. 만약 힌디어를 쓰지 않는 주가 있다면 영어 사용이 필수죠.

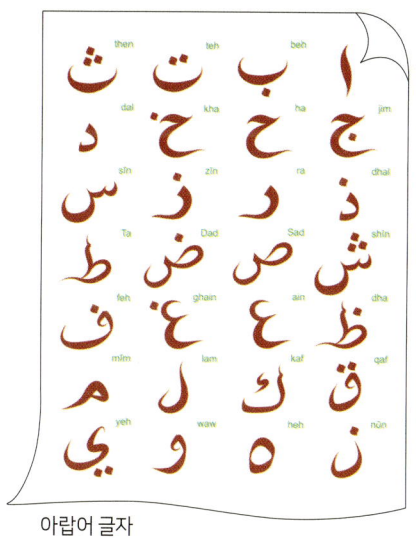
아랍어 글자

아랍어

아랍어는 무려 25개국이 사용하는데 대부분 아프리카, 아라비아반도 등에 있는 나라예요. 인구수로는 약 3억 명이나 되죠. 영어(55개국 사용)와 프랑스어(28개국 사용) 다음으로 공용어 순위 전 세계 3위예요.

아랍어는 표현력이 뛰어나 문학의 언어로 높이 평가되고 있어요. 이슬람에서는 이슬람 경전인 《코란》의 언어라 신성하게 여겨요. 또한 아랍어는 아주 긴 역사를 간직한 언어예요. 그래서 튀르키예어, 페르시아어, 우르두어, 말레이어, 스와힐리어, 하우사어 등에 큰 영향을 끼쳤어요.

아시아에서 사라질 위기에 처한 언어

지구에서는 한 달에 2개의 언어가 사라지고 있어요. 3,500개 언어는 사용자가 1만 명이 안 돼요. 이런 언어들은 사라질 위기에 처해 있어요. 아시아에서 사라질 위기의 언어는 주로 시베리아, 인도 북부, 인도차이나반도, 말레이반도 등에서 사용하는 언어들이에요. 그리고 중국에서는 50개가 넘는 소수 민족들에게 중국어만 쓰도록 해서 중국 내 소수 민족들의 언어는 수명이 더 짧아질 거예요.

또 어떤 이유로 언어가 사라질까요? 언어의 주인들이 죽거나 전쟁으로 난민이 되어 그 땅을 떠나기 때문이지요. 난민들은 다른 나라로 들어가 그 나라의 언어를 익히면서 점점 자신들의 언어를 잊게 되니까요.

오늘날 영어가 널리 쓰이는 이유는 예전에 영국과 미국이 세계에 강력한 영향력을 발휘했기 때문이죠. 하지만 미래에도 영어의 힘이 셀지는 알 수 없어요.

아시아에도 과거에는 힘이 셌지만 지금은 사라지고 있는 언어가 있어요. 바로 만주어예요. 만주족(여진족)은 중국의 동북 지방과 함경도에 살았어요. 안중근 열사로 인해 잘 알려진 '하얼빈', 러시아의 '사할린', 함경도 아오지 탄광의 '아오지', 두만강의 '두만' 등은 만주어에서 온 지명이에요. 만주족은 한때 세계 최강대국이었던 청나라를 세워 중국 땅의 주인이 되었어요. 당시 만주어는 지금의 영어처럼 힘이 셌지요. 하지만 만주족이 중국 본토 문화에 흡수되면서 차츰 자신들의 언어를 잊기 시작했고, 1912년 청나라가 망한 후 지금은 사라질 위기에 놓여 있어요.

출처: Statista, 2022년

07 역사 깊은 아시아의 종교

크리스트교, 불교, 이슬람교 이렇게 세계 3대 보편 종교가 아시아에서 발생했어요. 이 종교들은 전쟁이나 무역 등을 통해 전파되어 지금은 세계 여러 나라 사람들이 믿고 있는 종교가 되었어요.
아시아에서 가장 많은 사람들이 믿는 종교는 힌두교예요. 힌두교는 인도에서 주로 믿는 민족 종교지요. 두 번째로 많이 믿는 종교는 서남아시아, 중앙아시아, 남부아시아, 동남아시아 등의 사람들이 믿는 이슬람교예요. 세 번째로는 동남아시아를 중심으로 많은 사람들이 믿는 불교지요. 한편, 크리스트교는 필리핀 사람들이 주로 믿어요.

세계 3대 보편 종교의 시기별 전파 경로

아시아에서 시작된 크리스트교

크리스트교는 서남아시아의 예루살렘에서 발생하였고, 지금은 유럽, 아메리카, 오세아니아 등 전 세계에서 20억 명이 넘는 사람들이 믿고 있어요. 천지 만물을 창조한 유일신 하느님을 섬기고, 하느님의 아들인 예수 그리스도를 구세주로 믿어요. 인류의 역사와 문화에 엄청나게 많은 영향을 끼쳤지요.

크리스트교가 발생한 예루살렘은 이스라엘에 있는 도시인데, '평화의 도시'라는 뜻을 가졌어요. 예루살렘은 유대 왕국이 있던 곳이자, 예수가 십자가에 못박힌 곳이자, 무함마드(이슬람교의 창시자)가 천사의 부름을 받은 곳으로 크리스트교뿐 아니라 유대교와 이슬람교의 성지이기도 해요.

아시아에서는 필리핀이 국가적으로 크리스트교를 믿고 있어요. 아시아의 다른 나라에서는 불교나 이슬람교 등 다른 종교들을 주로 믿고요. 크리스트교는 이웃 사랑을 중시하며, 성당이나 교회에서 예배도 보고, 결혼식이나 장례식도 치러요.

크리스트교는 종파에 따라 개신교, 가톨릭교, 정교회로 나뉘어요. 역사적으로 가톨릭교와 정교회의 성당과 개신교의 교회 모습 또한 달랐어요. 가톨릭교와 정교회는 성당을 신이 있는 신성한 곳이라고 믿어 화려하고 아름답게 장식하고, 마을의 중심에 지었어요. 개신교는 교회를 예배 드리는 정도로 여겨 작고 단순하게 짓는 편이었지요.

미켈란젤로의 피에타 동상이에요. 그리스도의 죽음을 슬퍼하는 성모 마리아의 모습을 표현했어요.

독일의 한 교회에서 사람들이 예배를 보고 있어요.

이탈리아 밀라노에 있는 화려한 양식의 밀라노 대성당이에요.

동부아시아와 동남아시아에 퍼져 있는 불교

불교는 약 2600년 전에 생겨났어요. 당시 인도에는 힌두교의 뿌리인 브라만교와 카스트라는 신분 제도가 있었어요. 카스트는 태어날 때부터 승려, 귀족, 평민, 천민 등으로 사람의 신분을 정해 두어요. 생각해 봐요! 내가 태어날 때부터 천민이라면 마음이 어떻겠어요? 또 인도에서는 남녀 차별도 심했어요. "딸이 태어나면 그 자체가 가장 큰 슬픔이요, 최고의 불행이다."라고 할 정도였으니까요. 그러니까 당시 인도에서는 최상층인 브라만(승려)만 만족할 뿐 카스트 제도에 불만을 가진 사람들이 많았어요.

이때 석가모니가 자비와 평등을 강조하며 불교를 창시했어요. 불교 교리에서는 욕심 없이 수행하면 누구나 구원을 얻는다고 했어요. 이런 가르침에 여러 계급이 호감을 느꼈죠. 특히 무사 계급인 크샤트리아와 장사를 통해 부유해진 바이샤들은 불교가 마음에 쏙 들었어요.

기원전 3세기에 인도의 아소카왕은 아시아, 유럽, 아프리카까지 포교단을 보내 불교를 전파했어요. 오늘날 불교가 세계 종교가 되는 데 큰 역할을 했지요. 불교는 약 1000년에 걸쳐 아시아로 퍼져 나갔고, 9세기에는 서아시아를 제외한 아시아 대부분 지역으로 퍼졌지요.

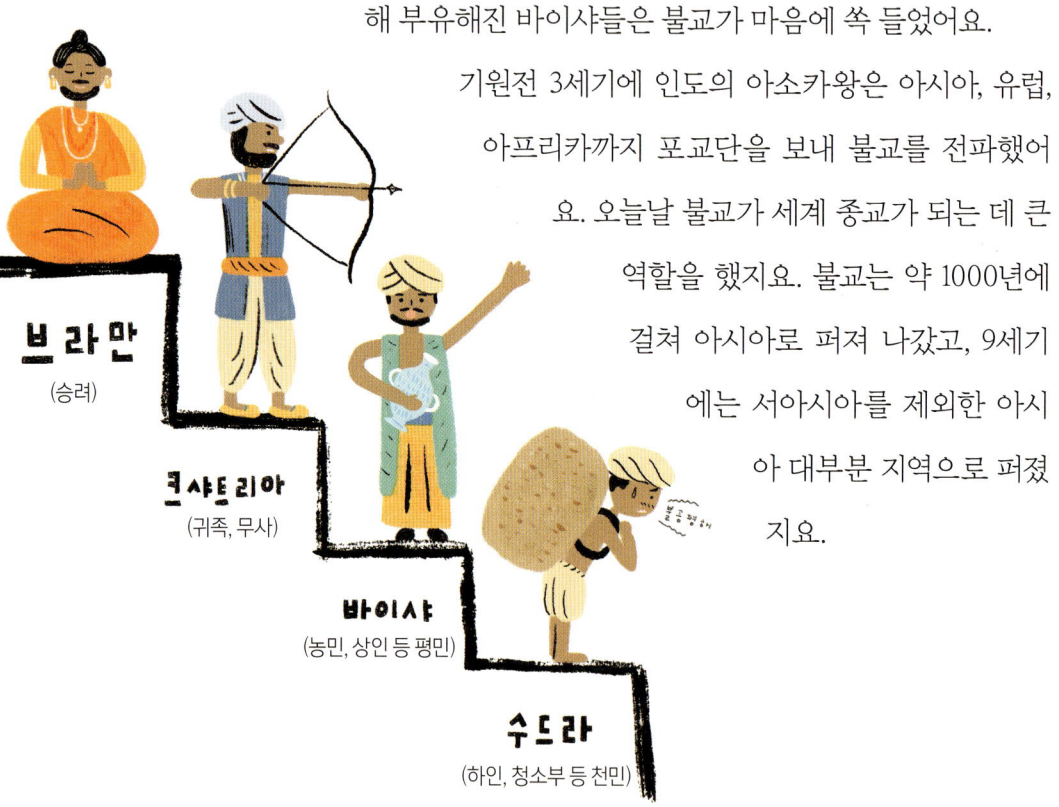

브라만 (승려)

크샤트리아 (귀족, 무사)

바이샤 (농민, 상인 등 평민)

수드라 (하인, 청소부 등 천민)

타이 치앙마이의 사원에서 승려들이 기도하고 있어요.

타이 앙통 왓 무앙 사원의 거대한 황금 불상이에요.

미얀마에서 가장 신성시되는 불교 사원인 쉐다곤 파고다예요.

서남아시아, 중앙아시아, 동남아시아에 퍼져 있는 이슬람교

이슬람교는 세계 3대 보편 종교 중 가장 빠르게 전파됐어요. 약 100년 만에 현재 이슬람교를 믿는 대부분 지역에 전파되었죠. 이슬람교는 무역과 전쟁을 통해 빠르게 퍼졌어요. 물론 당시 전쟁을 통해 종교를 널리 퍼뜨리는 건 이슬람교뿐 아니라 다른 종교도 마찬가지였어요. 이슬람 신자를 '무슬림'이라고 하는데, 무슬림들은 정복한 곳에 사는 사람들에게 이슬람교를 믿으라고 강요하지 않았어요. 대신 이슬람교를 믿으면 세금을 줄여 줬죠. 진짜 머리 좋죠?

오늘날 무슬림과 크리스트교 신자들 사이에 가끔 충돌이 있어요. 그런데 이슬람교와 크리스트교는 사실 뿌리가 같아요. 크리스트교의 하느님과 이슬람교의 알라는 같은 신이에요. 《코란》과 《성경》은 모두 아담과 이브를 인류의 첫 조상이자 첫 부부로 보고 있어요.

'이슬람'은 신에 대한 절대 복종을 뜻해요. 《코란》은 아랍어로 적혀 있는데 알라의 뜻이 바뀔 것을 염려해서 다른 나라 언어로는 번역을 금지해요. 《코란》의 내용에 맞춰 무슬림은 5대 의무를 절대적으로 지키면서 살아요. ① 신앙 고백 ② 하루 다섯 번 예배(새벽, 정오, 오후, 저녁, 밤) ③ 기부 ④ 메카 순례 ⑤ 라마단 금식이 그것이에요.

하루 다섯 번 예배할 때는 메카의 카바 신전을 향해 절을 해요. 그리고 무슬림이라면 죽기 전에 반드시 메카를 다녀와야 해요. 그래서 매년 메카에는 수백 만 명의 순례자들이 넘쳐나죠. 라마단은 한 달간 금식을 하는 것인데, 낮에만 금식해요. 어린이, 노인, 임산부는 예외고요.

사우디아라비아의 메카에 있는 카바 신전은 전 세계의 이슬람교인들로 항상 붐벼요.

이슬람교인들이 모여 집단 예배를 드리고 있어요.

아랍에미리트 최대의 모스크인 셰이크 자이드 모스크예요.

아시아의 대표 민족 종교를 소개합니다!

민족 종교는 특정 국가나 한 지역에서만 믿는 종교예요. 쉽게 말해, 세계 3대 보편 종교만 빼면 모두 민족 종교이지요.

힌두교는 주로 인도에서 믿는 민족 종교로, '인도교'라고도 하는데 신자 수가 9억 명이나 돼요. 인도 인구가 많고 대다수가 힌두교를 믿어서 그래요. 힌두는 '신두'에서 온 말로 인도란 뜻이에요. 힌두교는 세계 3대 보편 종교보다도 더 오래된 종교로, 신이 여럿이에요. 힌두교 신자들은 갠지스강에 목욕을 하면 죄가 사라지고, 죽은 뒤 화장해서 이 강에 뿌려지면 극락에 간다고 믿어요. 그래서 갠지스강에는 매년 100만 명 이상의 순례자가 찾아오고 있죠.

유대교는 이스라엘 유대인들의 종교예요. 아브라함을 이스라엘의 시조로, 모세를 민족의 지도자로 숭배하지요. 이스라엘 민족은 하느님을 야훼라고 불러요. 야훼는 십계명을 통해 '나 이외의 다른 신을 섬기지 말라'고 했어요. 당시 서남아시아와 북부아프리카 지역 사람들은 여러 신을 섬기고 있었거든요. 유대교에서는 지금도 다른 신을 인정하지 않으며 어머니가 유대인이면 자동으로 유대인이 돼요. 그러나 유대인이 아닌 사람이 유대교인이 되려면 히브리어와 유대교 계율을 배워야 하는 등 지켜야 할 것들이 아주 많죠.

인도 갠지스강에 있는 힌두교 시바신의 동상이에요.

유대인들이 이스라엘 예루살렘의 통곡의 벽에서 기도하고 있어요.

중국 베이징에 있는 공자의 묘예요. 공자는 유교를 창시한 사람이에요. 유교는 우리나라에 많은 영향을 끼쳤어요.

08 티격태격 아시아의 갈등과 분쟁

18세기 무렵, 유럽과 미국은 군사력을 앞세워 세계 곳곳에 식민지를 건설했어요. 그 식민지 대부분이 아시아, 아프리카, 아메리카였어요. 그리고 제1, 2차 세계 대전을 거치며 많은 식민지가 독립했지요.
이런 복잡한 역사 때문에 아시아에는 민족, 종교, 영토가 복잡하게 뒤엉켜 있어요. 그래서 지금까지도 끝나지 않은 분쟁이 약 60여 건이나 있어요. 아시아의 여러 갈등은 민족, 종교, 역사 등을 이유로 벌어지고 있지만 다른 한편으로는 영토와 자원을 차지하기 위한 싸움이기도 해요.
소수 민족의 분리 독립 요구도 아시아가 풀어야 할 숙제예요.

카스피해는 호수일까요, 바다일까요?

최근 석유나 천연가스 같은 자원을 놓고 다툼이 심해지고 있어요. 나라마다 인구가 늘고, 경제가 발전하면서 충분한 자원 확보가 절실하거든요. 그중 카스피해 분쟁은 인간이 이익 앞에서 얼마나 모순될 수 있는지를 잘 보여 줘요.

카스피해는 면적이 약 37만 제곱킬로미터로 한반도의 1.5배이고, 길이는 약 1,200킬로미터로 한반도 남북 길이인 1,000킬로미터보다도 길어요. 여기에 약 2,700억 배럴(세계 7위 규모)의 석유가 매장됐다는 소문이 돌면서 주변 나라끼리 싸우기 시작한 거예요.

아시아와 유럽 사이에 있는 카스피해는 세계에서 가장 큰 내해(육지로 둘러싸인 바다)예요. 그런데 요즘은 이 바다가 종종 호수로 불려요. 바다와 호수의 차이는 무엇일까요? 짠물이면 바다일까요? 육지 안에 있으면 호수일까요?

카스피해가 바다인지 호수인지에 따라 이익이 달라지는 다섯 나라가 있어요. 러시아, 카자흐스탄, 아제르바이잔은 카스피해가 바다라고 주장해요. 카스피해 유전의 50퍼센트가 카스피해 북부에 집중 매장되어 있거든요. 카스피해가 바다라면 각각 해안에서 12해리인 약 22킬로미터까지 자기 바다로 정해져 있으니 북쪽에 있는 나라들이 유리하죠.

반면 이란과 투르크메니스탄은 카스피해가 호수라고 주장해요. 호수라면 5개국이 모두 20퍼센트씩 똑같이 나누어야 하거든요.

그런데 최근 투르크메니스탄이 생각을 바꾸고 있어 이란이 불안해졌어요. 투르크메니스탄은 유럽으로 천연가스를 수출하기 위해 카스피해에 송유관을 설치하려고 하거든요. 만약 카스피해가 호수라면 5개국 모두의 동의가 필요하고 바다라면 송유관이 지나는 나라의 동의만 있으면 돼요. 어떻게 될지는 두고 봐야 해요.

카스피해를 러시아, 카자흐스탄, 아제르바이잔, 이란, 투르크메니스탄이 둘러싸고 있어요.

난사 군도는 여섯 나라 중 어느 나라가 주인일까요?

난사 군도(스프래틀리 군도)는 남중국해 남단에 있어요. 군도는 섬들이 모여 있는 곳을 말해요. 산호섬인 이곳 섬 대부분은 썰물 때 물 위로 드러나고, 밀물 때는 9개 섬만 물 위로 드러나 있어요. 이 난사 군도를 두고 중국, 타이완, 베트남, 말레이시아, 필리핀, 브루나이, 이 여섯 나라가 서로 자기가 주인이라고 주장하고 있어요. 현재는 중국, 베트남, 필리핀이 나누어 지배하고 있고요.

난사 군도도 역사가 복잡해요. 1933~1939년에는 프랑스가 차지했다가 제2차 세계 대전 중에는 일본이 점령했어요. 일본이 전쟁에 지면서 1950년

대 이후에는 중국, 베트남, 필리핀 등이 서로 자기 땅이라고 주장하고 있죠.

그러다가 1960년대, 그곳에 석유와 천연가스가 매장되어 있다는 사실이 밝혀지면서 싸움은 더욱 심해졌어요. 1970년대에는 난사 군도 문제로 중국과 베트남이 싸우기도 했어요. 지금도 중국, 베트남, 필리핀 등이 내 땅, 내 바다라며 군대까지 파견하여 군 시설을 설치하고, 영해를 침범했다며 상대국 어선을 사로잡기도 했어요.

분쟁이 심해지자 아세안(ASEAN, 동남아국가연합)은 평화적 해결을 위해 '행동선언문'을 발표했어요. 하지만 여전히 서로 자기가 난사 군도의 주인이라고 주장하고 있어요.

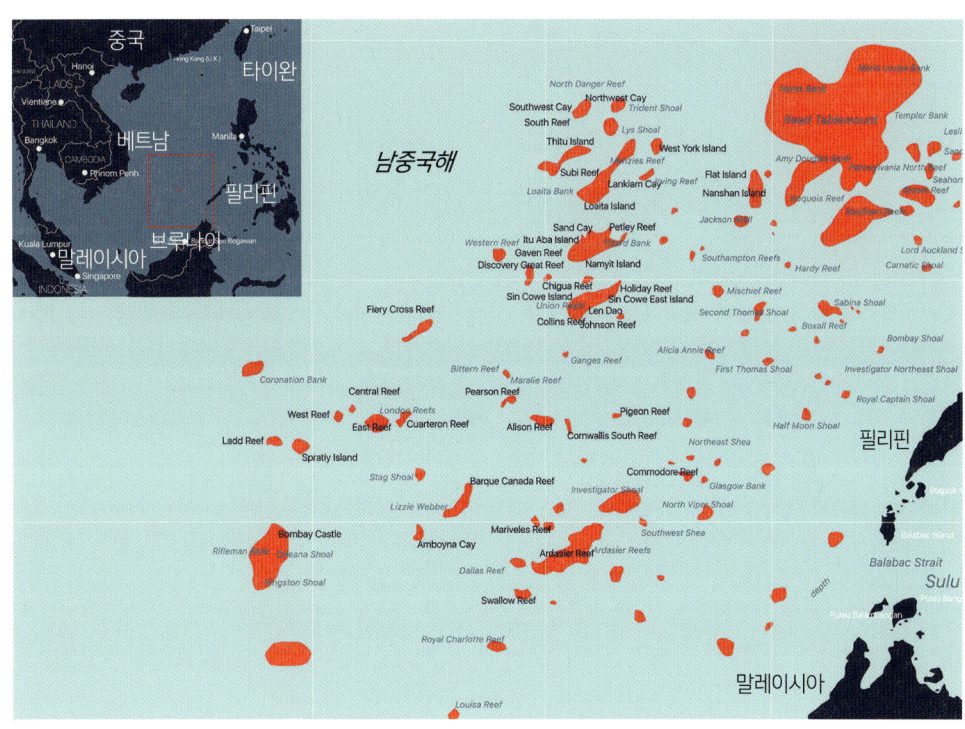

난사 군도는 남중국해 남쪽 해역에 위치하고, 사람이 살 수 없는 약 70여 개의 암초로 이루어졌어요. 지도에서 빨간색으로 표시된 부분이 난사 군도예요.

센카쿠 열도

센카쿠 열도와 쿠릴 열도는 어느 나라의 땅일까요?

센카쿠 열도는 동중국해에 위치한 5개 섬과 3개 암초를 뜻하는데 일본 어로는 센카쿠, 중국어로는 댜오위다오예요. 이 섬은 예전에 중국 청나라 섬이었는데 청일 전쟁 때 청나라가 일본에 패하면서 일본 섬이 되었지요. 제2차 세계 대전에서 일본이 패하면서 미국이 이 섬을 지배하다 1969년, 일본에게 다시 줬어요. 센카쿠 열도는 지금 일본이 지배하고 있지만 이 섬들에 대한 중국의 주장이 점점 강해지고 있지요.

쿠릴 열도 분쟁에도 일본이 관계돼 있는데 태도는 정 반대예요. 일본 홋카이도와 러시아 캄차카반도 사이에 있는 쿠릴 열도 가장 남쪽의 섬 4개

쿠릴 열도

를 놓고 일본과 러시아가 으르렁대고 있죠. 일본은 과거에 이곳을 지시마 열도라 부르며 지배했어요. 그러다가 1945년 구소련(지금의 러시아)이 제2차 세계 대전에서 승리하면서 이 섬들을 점령했고, 지금은 러시아가 지배하고 있지요. 일본은 원래 자기들 것이었으니까 돌려달라고 하지만 러시아는 들은 척도 안 하죠.

카슈미르를 차지하라!

카슈미르는 인도와 파키스탄 그리고 중국 사이에 있어요. 세계 지도를 보면 보통 국경선이 실선으로 나오는데 카슈미르 지역은 점선으로 나와요. 주인이 명확하지 않다는 뜻이죠.

카슈미르 분쟁은 1947년 인도가 영국으로부터 독립한 뒤, 힌두교 세력인 인도와 이슬람교 세력인 파키스탄이 분리되면서 시작됐어요. 카슈미르에는 이슬람교 신자들이 많았지만 당시 지도자 하리 싱은 힌두교 신자였어요. 그래서 분리될 때 카슈미르 주민들은 싫다는데 그 땅을 힌두 국가인 인도에 끼워 넣었죠. 이로 인해 두 나라는 두 차례 전쟁을 치렀죠.

이에 더해 중국이 카슈미르 동쪽 아크사이친 지역을 침공해 중국 땅으로 만들면서 카슈미르는 더 복잡한 곳이 되었어요.

파키스탄, 인도, 중국, 세 나라가 다투고 있는 카슈미르는 현재 휴전 상태예요.

이스라엘-팔레스타인 분쟁은 왜 벌어졌을까요?

유대인은 지금의 이스라엘 지역인 팔레스타인 땅에 살다가 2천 년 전 로마에 의해 쫓겨나 유럽에 흩어져 살았어요. 당시 유대인들이 떠난 팔레스타인 땅에는 팔레스타인 사람들인 아랍인이 살고 있었고요.

분쟁의 씨앗은 1917년 영국이 유대인과 한 약속에서 비롯돼요. 영국이 유대인들에게 이 땅에 유대인의 나라를 만들어 주겠다고 덜컥 약속한 거예요. 그런데 영국은 그와 똑같은 약속을 1915년에 팔레스타인 아랍인들에게도 했던 거죠. 그 땅에 아랍 국가를 세워 주겠다고 이중 약속을 한 셈이지요.

문제가 심각해지자 이 일은 유엔으로 넘어가게 됐어요. 유엔은 팔레스타인 땅을 아랍인 지역과 유대인 지역으로 분할하기로 결정했어요. 그 후 유대인들은 이 땅에 이스라엘이라는 국가를 세우고 여러 차례 전쟁을 통해 팔레스타인 땅의 대부분을 차지하게 되었지요. 그래서 지금까지 땅을 빼앗긴 아랍인들과 싸움이 끊이지 않고 있어요.

분리 독립을 꿈꾸는 아시아의 소수 민족들

쿠르드족은 세계에서 가장 큰 소수 민족이에요. 3천~4천만 명 정도로 유럽에 있는 웬만한 나라보다 인구가 많아요. 쿠르드족 대부분은 튀르키예, 이란, 이라크에 걸쳐 살고 있어요.

이들은 아직 자신의 나라를 세우지는 못했지만 대단한 민족이에요. 수천 년간 다른 나라의 괴롭힘에도 불구하고 자신의 말과 문화를 지키며 독립 국가 건설을 위해 여전히 싸우고 있으니까요.

쿠르드족은 99퍼센트가 이슬람교를 믿어요. 주변에 있는 튀르키예, 이란, 이라크가 이슬람 국가이기 때문에 쿠르드족 독립이 쉬울 것도 같은데, 현실은 정 반대예요. 여러 차례 독립을 시도했지만 실패했지요.

중국에도 분리 독립을 꿈꾸는 소수 민족들이 여럿 있어요. 중국은 수천 년 동안 분열되었다가 하나가 되고 다시 분열되는 과정을 여러 번 거쳤어요. 그러다 보니 지금의 중국에는 무려 55개의 소수 민족이 함께 살고 있어요. 중국은 어느 정도는 소수 민족의 삶을 인정하고 있어요. 그들의 언어를 한어(중국어)와 같이 사용하게 하고 자치구나 자치주를 인정했죠. 말이 '자치구'지, 자치 기구의 높은 자리는 중국 정부에 협조하는 사람들로 채워져 있지만요. 중국은 늘 '하나의 중국'을 강조하고 이에 벗어나려고 하면 절대 인정하지 않아요.

중국에서 독립을 꿈꾸는 여러 소수 민족 중 티베트족이 가장 활발하게 활동하고 있어요. 중국은 1950년에 티베트고원 지역을 강제 점령하고, 1965년에 티베트 자치구로 만들었어요. 이런 중국에 반기를 들고 티베트의 독립 운동을 이끄는 사람이 달라이 라마예요. 그는 인도로 망명하여 티베트 임시 정부를 만들고 지금까지 독립을 위해 혼신의 힘을 다해 왔어요. 그런데 최근에는 달라이 라마가 나이가 많은 데다 건강이 쇠약해져 티베트 사람들의 걱정이 커요.

*일러두기
- 러시아는 우랄산맥을 기준으로 유럽과 아시아로 나뉩니다.
  지리적으로 소개하는 아시아의 범위 부분에서는 러시아를 포함하여 소개합니다.
- 아시아 국가의 한국 방문 순위는 2019년 한국관광통계 자료를 참고하였습니다.
- 아시아 산, 강, 호수의 높이와 길이와 면적은 두피디아, 세계인문지리사전 등을 참고하였습니다.
  아시아의 강 중 여러 나라에 걸쳐 지날 경우 아시아 국가가 한 곳이라도 포함되면 아시아의 강으로 보고 순위를 산정했습니다.
- 이스라엘의 수도와 관련하여 국제 사회에서는 텔아비브를 이스라엘의 수도로 인정하고 있습니다.

아시아엔 다 있다!
크고 높고 많고 다양한 아시아의 모든 것

2022년 11월 17일 1판 1쇄 | 2023년 5월 31일 1판 2쇄

글쓴이 조지욱 | 그린이 국형원

편집 최일주, 이혜정, 김인혜 | **디자인** 정수연
제작 박흥기 | **마케팅** 이병규, 양현범, 이장열, 김지원 | **홍보** 조민희 | **인쇄** 코리아피앤피 | **제책** J&D바인텍

펴낸이 강맑실 | **펴낸곳** (주)사계절출판사 | **등록** 제406-2003-034호
주소 (우)10881 경기도 파주시 회동길 252
전화 031)955-8588, 8558 | **전송** 마케팅부 031)955-8595, 편집부 031)955-8596
홈페이지 www.sakyejul.net | **전자우편** skj@sakyejul.com | **블로그** blog.naver.com/skjmail
페이스북 facebook.com/sakyejulkid | **인스타그램** instagram.com/sakyejulkid

ⓒ 조지욱, 국형원 2022

사진 6쪽 부라나탑, 리뾰쉬카 파는 가게, 8쪽 바이테렉 타워, 아씨 트루겐 천문대, 러시아 우주 기지, 10쪽 미노르 모스크, 목화 따는 장면, 리뾰쉬카, 12쪽 쿠웨이트 워터 타워, 14쪽 하람 성원, 캅사, 대추야자, 16쪽 티그리스강, 이라크 양고기 스프, 17 라마단 모스크, 18쪽 술탄 아흐메드 모스크, 케밥, 카파도키아, 20쪽 탁상 사원, 22쪽 갠지스강, 타지마할, 인도 향신료, 24쪽 샤파이잘 모스크, 카라코람 고속도로, 파키스탄 차이, 26쪽 부다나트 스투파, 더르바르 광장, 달 바트, 28쪽 콜롬보, 나인 아치 브리지, 스리랑카 전통 장대 낚시, 30쪽 미얀마 바간, 32쪽 마욘 화산, 트라이시클, 아도보, 34쪽 파다르섬, 사테, 브로모 화산, 36쪽 크리스탈 모스크, 페트로나스 트윈 타워, 나시르막, 38쪽 호이안, 하노이 기찻길, 반미, 40쪽 담넌사두억 시장, 똠얌꿍, 팟타이, 42쪽 서울의 야경, 44쪽 선전시 전경, 와이탄, 쑤저우, 46쪽 후지산, 도쿄 타워, 야키도리, 48쪽 울란바토르 전경, 나담 축제, 허르헉, 54쪽 데즈뇨프곶, 55쪽 바바곶, 57쪽 하롱베이, 성산일출봉, 단샤산, 60쪽 보르네오섬, 고비사막, 섭시코지, 61쪽 시베리아 자작나무 숲, 네네츠족 순록 유목 지역, 탐세르쿠산의 고산 마을, 64쪽 히말라야산맥, 65쪽 예리코, 66쪽 세르게, 부르한 바위, 74쪽 인도 인구 밀집 지역, 76쪽 월병, 놈언썸, 반쎄오, 77쪽 해물 파전, 인도 난과 커리, 클레폰, 당고, 펑리수, 79쪽 오쉬, 베쉬바르막, 라그만, 80쪽 키베, 후무스, 바클라바, 81쪽 에마 다시, 스리랑카 카레, 인도 카레, 82쪽 쌀국수, 아목 트레이, 솜땀, 83쪽 스시, 베이징덕, 비빔밥, 86쪽 한자, 힌디어 글자, 87쪽 아랍어 글자, 93쪽 미켈란젤로의 피에타 동상, 독일의 한 교회, 밀라노 대성당, 95쪽 치앙마이 승려들, 양통 왓 무앙 사원의 거대한 황금 불상, 쉐다곤 파고다, 97쪽 카바 신전, 이슬람교인 집단 예배, 셰이크 자이드 모스크, 99쪽 힌두교 시바신 동상, 예루살렘 통곡의 벽, 공자의 묘, 103쪽 카스피해 지도, 105쪽 난사 군도 지도, 108쪽 카슈미르 지도 ⓒ 123rf

값은 뒤표지에 적혀 있습니다. 잘못 만든 책은 구입하신 서점에서 바꾸어 드립니다.
사계절출판사는 성장의 의미를 생각합니다. 사계절출판사는 독자 여러분의 의견에 늘 귀 기울이고 있습니다.
이 책은 저작권법에 따라 보호받는 저작물이므로 무단 전재와 복제를 금합니다.

ISBN 979-11-6094-980-3 73910
ISBN 978-89-5828-770-4(세트)